A JOURNEY TO UN
A STORY OF A CHINESE NGO

走进联合国

——中国社会组织参加
联合国人权理事会大会纪实

佟丽华◎著

人民出版社

目　录

言？联合国人权理事会的议程都包括哪些内容？联合国人
权理事会开幕式上，人权高专的发言弥漫着火药味，美国常
驻联合国大使黑莉发言矛头直接对准委内瑞拉。

3　就发言顺序与联合国官员交涉

为什么要就发言顺序与联合国人权理事会负责官员交
涉？联合国人权理事会特别报告员如何介绍中国减贫成就
与挑战？

4　两场国家间非正式磋商边会

美国社会组织如何控诉美国人权保障？以基本收入取
代救济金是个怎样的设想？从"人道主义下的童婚、早婚
和强迫婚姻"和"实现每个女孩平等享有教育权"两场国家
间非正式磋商边会中我们能学习到什么？

5　反拐问题报告与专家讨论会 ························· ／ 42

消除针对儿童性剥削国际联盟是个什么组织？联合国特别报告员就科威特和美国的反拐问题都提出了什么建议？人权理事会专家讨论会是怎样的议程？

6　信息社会世界峰会 ··························· ／ 50

信息社会世界峰会是什么？如何正视网络上的儿童性剥削问题？为什么日内瓦敢于公开宣称是"要说第二就没人敢说第一"的国际化城市？日内瓦国际服务中心是个怎样的机构？

三周的联合国人权理事会会议结束了，对人类社会的
发展以及未来国际秩序有着怎样的思考？中国社会组织在
构建人类命运共同体这一宏伟目标下可以有怎样的作为？

走向联合国的漫长历程

（代　序）

一位总部在日内瓦的国际组织负责人听说我要去联合国参加会议，并在考虑深度参与联合国相关议程，她鼓励我："在联合国很多人都缺乏解决实际问题的经验，都是在高谈阔论，联合国舞台上非常需要你这种有丰富实践经验的人！"

这句话倒真的给了我信心。我深刻了解中国，在波澜壮阔的改革年代，我经历了中国这个全球最大的发展中国家解决各种现实社会问题的漫长历程。

（1）亲历改革开放前中国农村的艰苦。我深刻了解中国改革开放前农村的艰辛。我从小在农村艰苦的条件下长大，至今难忘小时挨饿的一些场景。那时最羡慕的就是吃商品粮的职工。初中毕业以较好成绩考上了中专，但遗憾的是没有被录取。人生第一个改变命运的机会离我而去，为此还小病了一场。我小时候在农村从事过各种农业劳动，很艰辛。夏天是农民最忙的时节，在庄稼地里劳作，"汗滴禾下土"的感受尤其深刻。艰苦的环境容易磨炼人的意志。

（2）充满压力的高考。高中生活一直伴随着巨大的压力,开始神经衰弱。夜里一个宿舍二十多人都睡着了,自己还在翻来覆去默默数数。直到现在,即使到国外很轻松、陌生的环境中,我还是经常梦见高中的日子:梦见自己要面临高考,但看书都不会,很急,后来想我似乎已经大学毕业了,好像不用那么急吧;有时梦见往学校赶,骑着自行车,下大雨,雨中又迷路了,后来想我为什么没有开车呢,我的车停在哪里了呢。总是梦见那难熬的日子。

(3)大学创建准律师协会。考上中国政法大学是我的幸运,也是我人生的重要转折点。收到通知书那天全家、全村都很热闹,家里还放了两天电影,以示庆贺。在大学,到白沟进货做过小买卖、担任过系学生会主席,但最引以为自豪的还是创建了准律师协会。为了加强相对封闭的昌平学生和活跃的北京律师界的交流,1994年夏,我和几个同学准备创建准律师协会。记得为了寻求支持,我从昌平坐公交车到城里,从老师家借了一辆自行车,大夏天骑着自行车在亚运村到处找律师事务所,汗流浃背。准律师协会高调成立,很快就发展成当时学校最有影响的学生社团,那时开始的名律师系列讲座,让法大学子耳目一新。20多年过去,现在准律师协会依然是法大最有影响的学生社团,听说每年招新生,2000多名本科生中,有1000多人报名准律师协会,但其只录取100多名,竞争极其激烈。

(4)大学毕业就开始创业。1995年从政法大学毕业后尽管有机会到国家机关工作,但反复考虑,认为自己更适合那种环境宽松、最能实现想法的单位,于是去了丰台司法局所属的致诚律师事务所工作。当时单位讲好：只给我发 3 个月的薪水，每月 300 元，以后自收自支。所以说，直到今天，我只挣过 900 元的工资。在那种不是考虑发展而是考虑生存的条件下开始了我艰苦的创业。艰苦的环境能最大限度地开发人的潜力，1997 年 8 月，我成为致诚所的副主任，收入开始非常稳定地增长。

（5）尝试公益法律服务。在自己生活改善、代理案件也能帮助一些人的同时，我越来越感到，每天主要是为了利益的忙碌与选择这条道路的初衷和自己心中那份理想之间有着很大的差距。在办理案件和日常生活中，经常看到一些家庭贫困的人因为不懂法而把问题弄得越来越糟，有的妻离子散，有的甚至犯罪。要知道，在解决纠纷之初，一个准确的咨询就可能从根本上改变他们的命运。1998 年年初，我在政法大学创办了以我的身份命名的"佟律师法律热线"，任何人遇到任何法律问题，都可以通过电话向我们进行免费咨询。记得起初的几天，电话铃声响个不停，我每天都在忙碌着解答咨询。

（6）当选年轻的律师所主任。这期间，我也办理了多起非常复杂的案件，如代理香港商人方某因 108 万一棵人参起诉燕莎友谊商城、代表中国资产新闻报社被以新闻侵权为由应诉、办理一起因经济纠纷被当地公安机关长期非法羁押等案件。1998 年年底，在我并不知情的情况下，经所里律师推荐，司法局任命我为律师事务所主任。记得当时肖士明局长对我说，丰台司法局也就是个处级单位，致诚所是下属唯一的副处级编制事业单位，大学毕业三年半，就当主任，应该很少见。

（7）创建中国第一家儿童保护机构。1999年年初，我开始介入未成年人保护事业，那时并未想过将来会做一个专职公益律师，只是想在业余时间做些好事。但当介入这个领域，感受到这个领域存在的诸多问题，年轻人那种铁肩担道义、舍我其谁的本性开始被激发了，我逐渐投身于中国的未成年人保护事业。我们通过热线咨询、代理案件等方式为权益受到伤害的孩子提供帮助：我们帮助遍体鳞伤的北京小男孩追究了父母的刑事责任并帮助变更了监护人从而使这个男孩可以跟随姑母过上幸福的生活；我们为一个差一点就被以故意伤害致人死亡罪追究刑事责任的未成年人辩护，使他获得缓刑后得以在学校接受教育；我们经过多次艰难协调，帮助父亲去世、母亲重度残疾无人照管的10岁男孩到福利院，像其他孩子一样生活、接受教育。我们帮助了大量权益受到侵害的孩子。

（8）开创未成年人法学。当时与儿童有关的法律研究分散在婚姻法、犯罪学等领域，儿童的权利往往被忽视，甚至容易被当成管制的对象，我决定开创一个新的研究体系：那就是将与未成年人有关的民事、刑事、行政、诉讼程序等不同部门法综合成一个新的体系进行研究，希望确立一门新的法律学科——未成年人法学，这个想法足以让我振奋，也足以让我踌躇：作为一个本科毕业生，我能够完成这个开创性、体系化的研究吗？经过一年多不懈的努力，《未成年人法学》一书出版，这是我国第一本系统研究与未成年人有关法律的著作，今天看来尽管很多地方显得稚嫩，但其构建了这个学科体系，也让我自己在这个过程中对未成年人有关法律进行了全面的学习和思考，从而奠定了我以更开阔视角推动中国未成年人法律政策改革的基础。2003年，北京市法学会未成年人法学研究会成立，在成立会议上，时任会长、北京市高级人民法院原副院长嵇昆梅同志发言时说："2001年，佟丽华律师出版了他的法学专著《未成年人法学》一书，这项研究推动了未成年人法学研究会的成立。"

（9）推动建立全国的儿童保护律师网络。我们开始帮助更多权益受到侵害的孩子，但我所在的机构人员有限，我一直相信会有更多的律师愿意贡献业余时间来参与未成年人保护事业，但如何激发更多律师参与呢？2001年我推动北京市律师协会成立了未成年人保护专业委员会，2003年我推动全国律师协会成立了未成年人保护专业委员会。当时全国律协领导很支持，专门以协会名义发文在全国律师行业进行推广，一项最初个人的公益事业转变为行业的公益事业，更多律师参与进来。到2009年全国共有28个省级和87个地市级律协成立了未成年人保护专业委员会，各地报名参加"中国未成年人保护志愿协作网络"的律师发展到八千多人，在阜阳劣质奶粉、山西黑砖窑童工等案件中，全国律协未保委统一协调，各地律师积极参与，高效地维护了未成年人的权利。截至目前，律师参与未成年人保护事业已经成为中国律师参与公益事业的一道亮丽风景线，很多律师成长为当地知名的、受到尊重的未成年人保护律师，大家为保护儿童权利、推动这项事业的发展作出了突出贡献。

（10）推动儿童保护立法和政策改革。2002年10月，我接受北京团市委的委托，负责起草《北京市未成年人保护条例》修订草案，后作为起草组成员，参与了整个起草历程；2004年，接受团中央委托，负责起草《未成年人保护法》修订草案，第一版我写了322条，后团中央认为太长，我删减到163条，团中央第一次专家论证会就用的是163条的版本，我应该是参与修订这部法律最深入的专家，前后花费有效工作时间远远超过60天；近几年来，我参加了绝大多数与儿童有关的法律法规和政策的修订制定，很多意见被采纳，尤其是最高法院、最高检察院、公安部和民政部发布的《关于依法处理监护人侵害未成年人权益行为的若干意见》，可以说是我十多年锲而不舍推动的结果，参与这一重要政策出台的过程，倍感欣慰。

（11）小额爱心专项基金。有些孩子权益受到严重侵害，比如性侵，最后法院作出判决，但由于被告人贫穷等原因无法获得赔偿。为了让受害孩子感受到社会的关怀，树立成长的信心和希望，2006年在香港黄倩怡律师支持下，我们设立了"新起点——小额爱心资助项目"。截至2017年3月，共为受到性侵或其他犯罪侵害、童工、工伤、交通事故等1100多名未成年受害人提供了资助，金额超过140万元，实实在在帮助了那些处于困境中的受害儿童。

（12）开展留守儿童关爱项目。为了破解关爱留守儿童的方法，我和著名出版人三川玲女士发起了"乡村幼儿园发展计划"(Countryside Kindergarten Development Plan,CKDP），我们希望依靠科技搭建起偏远农村和现代城市沟通的桥梁，我们已经培训了全国20多个省份的350多位乡村教师，我们不仅传播了理念和方法，为乡村教师们提供了各种支持，关键是激励起他们做好乡村幼儿教育的信心和勇气，客观上让数以万计的乡村留守儿童感受到关心和爱护。

（13）创建全国首家农民工法律援助机构。2003年，我同村的两个儿时伙伴因打工欠薪找我帮忙，这让我认真思考农民工权益保障问题。每个人都意识到了农民工需要尊重和帮助，但问题是谁来帮助他们？2005年9月，我创建了北京致诚农民工法律援助与研究中心，这是中国第一家公开为农民工提供免费法律帮助的机构，承受着各种巨大、复杂压力，我们开始为越来越多的农民工提供免费法律帮助，其中办理的徐延格与肯德基公司案件在国内外产生重大影响。徐延格在肯德基工作9年后，被要求与一家派遣公司签订合同。一年多后，肯德基公司以徐延格违反劳动纪律为由将他辞退，只补偿2个月工资，也就是只计算他与派遣公司签订合同的工作年限。肯德基公司有几十人想要寻求我们援助，但在公司压力下都不了了之。当时恰逢全国人大制定劳动合同法，美国和欧洲的驻华商会都反对劳动合同法限制劳务派遣制度，案件经过媒体曝光后受到国内外广泛关注。我组建了一个10人团队来全面应对这起案件，最后促使肯德基公司中国总部与我们达成和解：不仅徐延格获得了满意的赔偿，肯德基公司还承诺在中国大陆地区全部停止使用劳务派遣，类似徐延格案件的情况全部承认工作年限,这一结果不仅使肯德基数千员工直接获益,还对劳动合同法相关条款的最后确定发挥了积极作用。截至 2016 年年底,我们在北京共接待农民工法律咨询近 8 万件,涉及农民工 20 万余人次,直接办理案件超过 1 万件,切实为农民工讨回各项赔偿款超过 1.6 亿元。

(14)推动职业化农民工法律援助律师。2006 年经我与石家庄时任司法局张双全局长沟通,石家庄农民工法律援助工作站成立。2007 年,借助联合国开发署 50 万美元资助和中国法律援助基金会支持,我将这种模式推向全国。2010 年中国法律援助基金会获得国家公益彩票基金支持,这种模式开始获得稳定的资金支持。截至 2016 年年底,在北京以外共建立农民工法律援助专门机构 30 余家,培养专职公益律师超过 120 人,其共为农民工等弱势人群提供免费法律咨询近 20 万件,受益人数超过 40 万,直接办理案件超过 2.8 万件,帮助农民工等弱势人群切实获得赔偿近 4.8 亿元,四川杜伟、山东李强、陕西孙蓉等一批致力于维护农民工权益的公益律师成长起来,为中国律师行业增添了新的色彩。

(15)追求维权与维稳的统一。我一直认为,维护权益是化解社会矛盾的基础。我们希望通过依法维护农民工的权益,及时有效化解社会矛盾。我们从预防入手,探索出了具有致诚特色的"三级矛盾化解机制",郭增光等 68 个农民工历时两年讨薪无果后,绝望之际打算"每人一刀"把老板砍死,然后集体自首;童工于某在单位受伤被截肢,案件胜诉,但用人单位恶意转移财产,于某父亲哭诉无门,多次想要制造极端事件,类似案件不胜枚举。我们不仅要努力帮助他们依法维权,更要耐心说服,鼓励他们要有信心。2005 年以来,我们办结 5 人以上群体性案件就有 500 余件,涉及人数近 8000 人,经过律师艰苦努力,农民工权益得到了维护,所有矛盾都得到了化解。

(16)创建刑事法律援助项目。记得一个案件让我震惊,真正组织卖淫的饭店老板跑了,在饭店打工的几个服务员被以组织卖淫罪追究刑事责任。那些经济贫困的犯罪嫌疑人、被告人也需要有效的法律援助。2012 年年初,我与中国政法大学合作成立了刑事法律援助研究中心,这是我国第一家专门关注刑事法律援助的机构。依托该中心以及致诚公益团队,我们与西城法院、丰台法院、丰台检察院建立了合作关系,仅在 2012—2013 年我们就办理刑事法律援助案件 170 多件,我们发布了相关研究报告,举办了多次研讨和培训会议,这些工作对推进我国刑事法律援助事业的发展产生了非常积极的作用。

(17)推动草根社会组织法律帮助项目。最近几年我非常关注草根社会组织的成长,2014 年 11 月我们尝试着举办了一期"小微社会组织公益培训",邀请全国人大、民政部官员来授课,使草根社会组织负责人和国家立法政策制定者可以坐在一起讨论相关问题。2015 年 7 月,在北京市民政局支持下,我们专门成立了一家社会组织,来为其他社会组织提供法律帮助,协调化解相关矛盾。仅一年多时间,就组织专题培训 30 多场,为 3000 多家社会组织提供法律服务,其工作受到社会广泛关注。

(18)开创老年人维权项目。近些年来,尽管国家和社会越来越重视老年人问题,但对老年人维权问题重视还显然不够。2015年年初,我们整理了媒体公开报道的7起因无人赡养导致老年人死亡案件,每起案件都情节恶劣,丧失人性,社会影响极坏,但法院却都仅以遗弃罪判处较轻的刑罚,最重的被判处有期徒刑三年,最轻的虽然构成犯罪,但免于刑事处罚。我决定推动老年人维权项目,2016年5月,在北京市老龄办的支持下,我们开启了老年人维权项目。截至2017年7月,我们已经为老年人提供免费法律咨询3200多人次,直接办理案件100多件,针对老年人举办法制讲座46场,结合案件就针对老年人非法集资、诈骗等问题开展实证研究,通过媒体报道了一些欺诈老年人房产等新型欺诈手段,使更多的老年人受到警醒。

(19)做一名负责的人大代表。我于2006年当选丰台区人大代表,2007年年初当选北京市人大代表,并在2011年和2017年丰台区人大、2012年年初市人大换届时连任。过去十多年来,我走访过满是泥泞的街道、已经危旧的老楼;上门看过行动不便、希望反映报销医药费困难的老人;与情绪激动的社区居民代表座谈;等等,我先后提出议案、建议共70多件,超过11万字,也算尽职负责了。欣慰的是,在解决具体问题及地方立法过程中反映了选民的心声,通过多年连续呼吁,在白纸坊桥与菜户营桥护城河之间架设了天桥,解决了困扰当地居民几十年的老问题;推动增设了一些公交站点;十余年在北京市人大会议上呼吁撤销杜家坎收费站;在北京控烟条例等地方立法过程中发挥了积极作用。

（20）党的十八大提交法治改革"万言书"。中国共产党是执政党,党对法治的理解和态度决定着中国法治建设的进程。2012年7月我当选为中共十八大代表,我非常珍惜这一在党内呼吁法治改革的机会。党的十八大会议期间,不论是小组发言,还是接受媒体采访,我都在呼吁国家要重视法治改革,我应该是十八大期间呼吁法治改革最多的代表。《南方都市报》用我的一句原话做了文章标题:《法治是破解当前社会各种难题的最佳路径》。我的建议被以"北京团佟丽华代表就深化依法治国问题向新一届中央领导集体提出的改革建议"为题专报大会,当我问这个建议将提交到哪一级领导时,中办负责接待的同志肯定地告诉我,会提交到你能想象的最高层级。2014年,党的十八届四中全会主题是"研究全面推进依法治国重大问题",能在改革进程中发挥积极作用,能与历史变革同向而行,我感到欣慰。为了呼吁更多人关心法治改革,四中全会前,我接受了《北京青年报》专访,文章整整一版,标题很抢眼,《改革"万言书"专报"最高层"》,文章开篇就说,作为中国著名公益律师、三位律师界十八大代表之一,佟丽华曾在十八大会议期间提交关于深化依法治国的"万言"改革建议(以下简称依法治国"万言书"),他用"振奋、期待"来形容此时他对十八届四中全会的心情。

（21）谏言党的十八届四中全会。非常欣慰的是,在党的十八届四中全会召开前一周,我被通知作为基层代表列席全会。让我欣喜的是,中纪委王岐山书记参加了我所在小组的讨论。在第一位领导发言后,我举手发言。我慷慨激昂的发言与会场上标准的领导讲话风格迥异,我注意到坐在他身边的时任北京市委郭金龙书记与他简单交流,显然是在介绍我。我重点强调了立法对全面依法治国的重要性以及当前立法领域存在的问题,他对我的发言给予高度评价,与我就有些问题进行讨论,最后他当众说:"今天我认识了一位新人",并要求随行人员记下我的联系方式,希望我参加随后的座谈会。会议后我整理了7条建议交会务组,最后,我的7条建议被采纳了两条,删去了两个字,增加了一项新的制度,"增加有法治实践经验的专职常委比例",16个字。2014年12月,我应邀参加了王岐山书记在中纪委主持召开的小范围专家学者座谈会,当面就党风廉政建设和反腐败问题提出意见和建议。

(22)多种方法推动中国法治改革。1999年,就烟草对儿童伤害问题,我针对国家烟草专卖局和24家大的烟草公司提出了诉讼;2004年我向全国人大公开呼吁,希望立法要求最高法院收回死刑核准权,《中国青年报》等媒体多次以《法律专家上书全国人大要求改革现行死刑制度》《专家呼吁最高法收回流于形式的死刑核准权》等为题进行报道;10多年来参加过的中央重要文件征求意见、全国人大立法、中央及地方等各种政策座谈会应该有几百场,虽然我知道有时征求意见是形式上的,虽然有时与领导见面也就交流几分钟,但我也会认真提出意见和建议;我与媒体形成了良性互动,我参加了中央电视台《今日说法》栏目最初实验版的录制,长期接受《今日说法》《焦点访谈》《新闻调查》《东方时空》等著名栏目的访谈,多年接受新华社、中央人民广播电台、中国青年报、中国教育报等媒体大量采访,有些以内参形式报国家领导人,有些发表为专题文章;十多年来针对法官、检察官、律师、警察、官员、校长、老师、学生等各类人群讲课上百场。会议、采访、讲课有时让人疲倦,但发出反映人民群众利益的声音,推动社会的改革,向社会传播积极的力量,还是让人欣慰。

(23)研究中国特色的法治改革。全面深化法治改革才能保障儿童、农民工等弱势人群以及我们每个人的合法权利。作为一位深刻了解中国弱势人群维权现状的律师来说,我高度关注中国当前的法治改革及成效。为此,2015年年初,我出版了一本新书《十八大以来的法治变革》,这本书系统梳理党的十八大以来国家法治改革的指导思想、改革措施、面临的挑战和改革建议,其中涉及60多项具体改革措施。2015年10月,在中央发布修订《中国共产党纪律处分条例》后,我出版了新书《党员必须牢记的100条党规党纪》,这本书将条例分则部分归纳为1700多字的100条党规党纪,便于理解和记忆。2017年"七一"前后,新华每日电讯、人民日报、学习小组等权威微信公号先后报道,每篇文章均鲜明提出:"作为一名党员,应该坚守哪些'红线',牢记哪些'禁令'?人民出版社出版的《党员必须牢记的100条党规党纪——〈中国共产党纪律处分条例〉解读》给出了参考",这本书受到肯定,其核心思想受到推广,我感到欣慰。2016年,党的十八届六中全会后,依据《中国共产党党内监督条例》,我又出版了新书《党员必须牢记的党内监督50条》。这些书记录着我对中国法治改革的期许、呼吁、参与和追求。

（24）参与国际合作。过去十多年来，我们积极参与国际合作。我和单位其他律师多次应邀参加重要国际会议，如我应邀参加在苏州召开的第四届中欧政党高层论坛、中欧青年领袖对话会、亚欧人权论坛、全球议员青少年立法论坛、十多次中欧司法研讨会等大型外事会议；多次接待国外政要来访，先后接待包括联合国原秘书长潘基文夫人柳淳泽、联合国开发计划署署长海伦·克拉克和联合国原人权高专阿尔布尔等国际政要；积累一定项目经验，作为中澳政府间人权技术合作项目以及联合国开发计划署（UNDP）联合国儿童基金会等中方正式合作伙伴，积极参与有关项目；开展国际实习生项目，从 2004 年最早接受第一批国外实习生开始，我们已探索出一个以"致诚国际法学人才实践精品班"为核心的国外实习生管理项目，该项目已接待了来自哈佛、耶鲁、牛津、剑桥以及斯坦福大学、哥伦比亚大学等国外知名大学 100 多名学生的实习，在国内外大学中有着很好的口碑。

（25）获得走向联合国的"进门证"。2009 年下半年，我们开始研究申请联合国咨商地位的事情，其间也历经曲折。2011 年，北京青少年法律援助与研究中心和北京致诚农民工法律援助与研究中心分别获得联合国经社理事会特别咨商地位，这是中国来自民间的社会组织在获得联合国咨商地位方面"零"的突破。

经过近 20 年的发展，致诚已经发展成为一家综合性的公益法律服务机构，关注对象已经从儿童、农民工发展到家庭贫困犯罪嫌疑人和被告人、老年人和社会组织，我们希望更多弱势人群能够依法获得公平正义;致诚已经探索出一套直接法律服务、实证研究及推动立法政策改革的模式,这种模式不仅能够使实践中发现的问题在立法政策改革中得到表达,而且能够推动新的法律政策朝着有利于普通群众的方向善意地执行;致诚不仅是自己在做,致诚推动了中国公益法律事业的健康发展,更多公益法律服务机构、更多优秀的公益律师成长起来,公益法律服务已经在全国各地开花结果。我们希望继续努力,为了正义,为了法治,去做更多有益的事情。

近二十年来,我们脚踏实地做事,我们通过一个个案件去帮助那些处于困境中的人,日积月累,就有几十万人因我们的工作而受益;我们通过各种机会反映基层声音、呼吁立法政策改革,我提出的各种建议应该不少于千件,经年累月,就有一些建议转化为立法政策。但仅仅脚踏实地是不够的,我们不仅要仰望星空,更要时刻俯视自己:我们还能做什么? 我们怎样做才能更有意义?

以前我多次说,中国弱势人群足够多,中国公益法律事业足够难,这足够我一生为之努力。近些年来,随着中国在国际上发挥越来越重要的作用,我意识到,这种想法落伍了。20年来我们解决各种现实社会问题所积累的经验,或许对其他发展中国家乃至人类社会都是宝贵的财富。如何建设一个更加美好的世界,到了我们该做点事情的时候了。

既然我们已经具备了走向联合国的通行证,那就先从走进联合国开始吧。

1　为什么走进联合国？

2017 年 6 月 3 日，我们一行四人，乘坐国航 CA861 航班，在当地时间下午 6 点多到达日内瓦。

出机场后，感觉黑云压城，胸口突然很闷。随着车子开动，竟然伴随呼吸、胸部疼痛起来。到住处后，简单收拾，就躺在床上想要睡觉。遗憾的是，尽管吃了安定，但一夜伴随着胸口的不适，竟然几乎没能睡觉。

周末休息两天，身体才逐渐好转。

（1）为什么要去日内瓦开会

6 月 7 日晚上，著名刑辩律师、北京商权律师事务所张青松律师在德国开完会后，旅行到日内瓦，我们小聚。他问："你来开会的目的是什么？"我竟一时不知如何回答，或者说我还真的没有答案。他接着说："为了全社会？"我的同事说："为了全人类！"

第二天上午,我在认真思考"一个免于暴力的世界"边会发言内容时,头脑中多次浮现这个问题。我来日内瓦开会的目的是什么呢?这里谈不上名利,我没有想过去旅游,生活相比国内要艰苦得多,我来这里是为什么呢?为了人类和平吗?

我在国内多次演讲时说到,我对人类的未来充满深深的忧虑。2009 年 11 月 30 日,在陪同家人看完电影《2012》后,我写了一篇博客文章《可怕的世界末日》。尽管这只是一部电影,大家可以把它当作消遣一笑了之,2012 年也已经安全过去。但未来某一天,那种让人恐怖的日子会到来吗?人类会发生第三次世界大战吗?人类会发生惨绝人寰的恐怖袭击吗?

万国宫门前广场上巨型椅子雕塑

中国在快速成长,作为一个有着古老文明的大国,是否应该在人类和平与发展方面发挥更加重要的积极作用?中国古代知识分子历来就有以天下为己任的情怀,温家宝、马英九等人都多次提到北宋著名学者张载那流传近千年的横渠四句:"为天地立心,为生民立命,为往圣继绝学,为万世开太平。"我没有那么崇高的志向,但我愿意尽己所能,为人类社会做些好事。

既然我们已经在中国做了很多好事,既然人类社会需要,那我们就力争在国际社会也多做点有意义的好事。这或许就是我来日内瓦的原因吧。

(2)要褪去联合国神秘的面纱

1945 年 6 月 26 日中午 12 时整,由国共两党代表组成的中国代表团同 49 个国家的代表一道在美国旧金山签署了《联合国宪章》。由于中国的英文名"CHINA"头一个字母排在各发起国之首,中国代表团第一个在《联合国宪章》上签字。同年 10 月 24 日,《联合国宪章》生效,联合国正式成立。

2015 年 9 月 28 日,习近平主席在纽约联合国总部出席第七十届联合国大会一般性辩论并发表题为《携手构建合作共赢新伙伴 同心打造人类命运共同体》的重要讲话,开篇就介绍了联合国产生的背景及其意义,他说:

70 年前，我们的先辈经过浴血奋战，取得了世界反法西斯战争的胜利，翻过了人类历史上黑暗的一页。这一胜利来之不易。

70 年前，我们的先辈以远见卓识，建立了联合国这一最具普遍性、代表性、权威性的国际组织，寄托人类新愿景，开启合作新时代。这一创举前所未有。

70 年前，我们的先辈集各方智慧，制定了联合国宪章，奠定了现代国际秩序基石，确立了当代国际关系基本准则。这一成就影响深远。

70 多年过去，世界形势表面看发生了根本变化，美苏争霸的局面已经结束，美国也很难再独霸全球，环境污染、核威胁、气候变化、恐怖主义、难民危机等都在困扰着当今时代。但这些都是显而易见的表象问题，更深层次的国家之间、民族和种族之间的隔阂与偏见依然根深蒂固，互联网时代为人们加深理解提供了便捷的工具，但人类的自私与傲慢限制了这些现代工具作用的发挥，看似现代的人类社会有时依然是那些原始的相互陌生的部落。

习近平主席说，当今世界发生的各种对抗和不公，不是因为《联合国宪章》的宗旨和原则过时了，而恰恰是由于这些宗旨和原则未能得到有效履行。某种程度上，过去 70 多年，联合国主要是有限的发达国家在主导。相对包括中国在内的很多发展中国家人民来说，联合国是遥远的、神秘的、高高在上的。

2000 年,中国分摊联合国会费比例仅为 1%。之后基本每隔 3 年,联合国都重新统计一次分摊比例,而中国分摊比例一直是增长最快的:2010 到 2012 年分摊比例达到 3.19%,而 2016 到 2018 年达到 7.91%,间隔 3 年后增长 1 倍多,分摊比例从第六位增长到第三位,分摊比例已经是 2000 年的近八倍,仅次于美国(22%)和日本(9.68%)。会费增加并不必然意味着中国在联合国影响力的增加。整个联合国的决策及话语体系依然是明显的西方主导。根据《环球时报》2016 年 6 月的一篇文章介绍,当前联合国系统有中国籍雇员 450 人,占总人数的 1%。其中供职联合国秘书处的非语言类中国籍专业人员只有 74 名,低于联合国开出的 136 人额度,在国际组织里担任高级岗位的更是微乎其微。

中国发展了,中国对人类社会发展也应该作出更大贡献了,但这种贡献绝不应该只是增加会费,中国政府及中国社会组织也应该贡献更多的思想、建议甚至行动。我们应该更加真实地了解联合国,联合国相对中国人来说不应是神秘的存在,而应该是我们服务人类社会的舞台。

从现实角度而言,我想深入了解联合国。

(3)日内瓦

日内瓦是一个知名的国际化城市。首先,联合国在日内瓦设有办事处,其规模仅次于美国纽约联合国总部,主要办公场所为前国际联盟总部万国宫,有一名总干事直接向联合国秘书长负责。其次,超过 200 家重要的国际组织总部设在日内瓦,联合国人权事务高级专员办公室、世界卫生组织、国际劳工组织、联合国难民署、世界知识产权组织、国际电信联盟、世界气象组织、世界贸易组织、国际标准化组织、国际红十字委员会、世界经济论坛等总部都在日内瓦。近些年来广受关注的联合国人权事务,其主要舞台就在日内瓦,每年三次的联合国人权理事会会议,都在日内瓦万国宫召开。

2017 年 1 月 18 日,习近平主席在日内瓦联合国欧洲总部发表《共同构建人类命运共同体》的主旨演讲,他说:"对中国来讲,日内瓦具有一份特殊的记忆和情感。1954 年,周恩来总理率团出席日内瓦会议,同苏联、美国、英国、法国等共同讨论政治解决朝鲜问题和印度支那停战问题,展现和平精神,为世界和平贡献了中国智慧。1971 年,中国恢复在联合国的合法席位、重返日内瓦国际机构后,逐步参与裁军、经贸、人权、社会等各领域事务,为重大问题解决和重要规则制定提供了中国方案。"

对一家致力于儿童保护、农民工保护、老年人权益保护的社会组织来说,走进联合国的关键一步,最好就是走进日内瓦的万国宫,去亲身参与和感受国际人权领域的讨论、发展和挑战,去为将来更深入地参与国际合作探寻路径和方法。

（4）联合国 ECOSOC 咨商地位：社会组织参与联合国的"通行证"

《联合国宪章》第 71 条规定：联合国经社理事会应作出合适安排，与非政府组织就其关注的事项在其能力范围内进行咨商。为了落实《联合国宪章》第 71 条的规定，联合国经社理事会在 1950 年通过了 288B(10)决议、在 1968 年通过了 1296 号决议，1996 年，经社理事会通过 31 号决议，取代了以往相关决议。根据 1996/31 号决议，联合国建立了经社理事会的常设委员会——非政府组织委员会以负责咨商地位的申请及相关事项。

根据民间社会组织综合体系（Integrated Civil Society Organization System）显示的数据，截至 2017 年 7 月，在联合国共有 4929 家拥有 ECOSOC 咨商地位的非政府组织（Non Governmental Organization，NGO），其中 143 家为一般咨商地位，3812 家为特别咨商地位，974 家为名册咨商地位。在具有联合国 ECOSOC 咨商地位的社会组织中，排在前二十位的国家是：

咨商地位 NGO 个数排名前 20 的国家

序号	国家	一般咨商地位 NGO 个数	特别咨商地位 NGO 个数	名册咨商地位 NGO 个数	总计
1	美国	29	830	189	1048
2	瑞士	21	191	45	257

序号	国家	一般咨商地位 NGO 个数	特别咨商地位 NGO 个数	名册咨商地位 NGO 个数	总计
3	英国	14	179	60	253
4	印度	5	217	18	240
5	法国	12	139	34	185
6	尼日利亚	0	150	7	157
7	加拿大	4	116	29	149
8	比利时	4	73	41	118
9	意大利	8	93	107	118
10	喀麦隆	0	80	3	83
11	巴基斯坦	1	76	6	83
12	荷兰	2	64	16	82
13	西班牙	3	68	6	77
14	韩国	1	59	4	64
15	俄罗斯	9	53	1	63
16	日本	4	44	14	62
17	中国	4	47	2	54
18	伊朗	0	48	1	49
19	加纳	0	44	4	48
20	澳大利亚	0	36	6	42

根据上述统计,拥有 ECOSOC 咨商地位 NGO 超过 100 个的国家共有 9 个,分别为美国、英国、比利时、加拿大、法国、意大利、印度、尼日利亚、瑞士。在这排名前 9 的国家中,发达国家占到 7 个,总共有 2166 个拥有咨商地位的 NGO,占比超过 40%。

中国统计具有联合国 ECOSOC 咨商地位的社会组织有 54 家是包括了香港、澳门和台湾地区,其中在大陆地区截至 2017 年 5 月,也就是 36 家(有说 37 家)。总数比喀麦隆、巴基斯坦都少很多,大陆地区是印度的 15%,是美国的 3%,确实少得可怜。

1995 年,世界妇女大会在北京召开,同年全国妇联获得了联合国 ECOSOC 特别咨商地位,这是中国第一家获得联合国 ECOSOC 特别咨商地位的组织。2009 年我们开始研究申请联合国 ECOSOC 咨商地位的事宜,历经两年,2011 年 7 月 25 日,经联合国经社理事会正式批准,北京青少年法律援助与研究中心、北京致诚农民工法律援助与研究中心分别获得联合国特别咨商地位,实现了中国在法律类社会组织、民办非企业类社会组织在获得联合国咨商地位方面零的突破。从 2011 年开始,我们开始参加联合国的一些会议。

(5)卡多佐报告

2003 年 2 月,联合国秘书长安南任命了一个由巴西前总统费尔南多·恩里克·卡多佐担任主席的名人小组,对联合国与非政府组织的关系进行全面评估。经过一年多的工作,2004 年 6 月,名人小组向联合国提交了专题报告《我们人民:公民社会,联合国和全球治理》(*We the Peoples : Civil Society, the United Nations and Global Governance*),这份报告被简称为"卡多佐报告",报告共提出了 30 项具体改革建议。联合国秘书长安南对该报告给予了高度评价,并基于报告就加强和改善联合国与社会组织关系开展了多项改革。

其中在该报告中,卡多佐明确提出了南北方社会组织发展不平衡问题。其在报告中提出了一个重大问题:在联合国活跃的社会组织主要来自发达国家;这些社会组织的总部也主要是在发达国家;不论来自发达国家还是发展中国家,在联合国活跃的社会组织往往都脱离基层,底层弱势人群的声音往往被忽视。卡多佐报告揭示了一个现实,在联合国运转中,发展中国家的社会组织很不发达,发展中国家社会组织以及困境人群的声音容易被忽视。

为此,他提出建议:秘书长应该把解决南北不平衡作为提升 UN 和社会组织关系的一个优先事项。他应该为联合国提升发现并与基层社会组织共同工作的能力争取捐助者的支持,应该建立一项专门基金以提升发展中国家社会组织参与的能力,以确保国家层面的参与能融入全球审议议程。

尽管从联合国角度,对发展中国家社会组织的参与给予了特别重视,但必须看到的现实是,发展中国家在联合国机制中的作用仍然非常有限。正如前面所介绍,中国作为最大的发展中国家,其社会组织的参与程度,不仅难以与发达国家相比,即使与很多发展中国家相比,也是处于非常滞后的局面。

(6) 我的第一次联合国之行

2015 年 9 月 14 日,我到日内瓦参加了联合国人权理事会第 30 届大会,这是我第一次到联合国正式参加人权理事会的会议,会期3周,但我们只参加五天。

记得那天早晨,我们几位国内去的社会组织代表步行赶到万国宫,在门口办完安检,进去后办理完证件,径直走进大会厅。大会厅里已经坐满了人,由于前边座位都是各国政府代表的席位,上面写着各国政府的名字,所以我们只能在周边寻找位置。会场里,各国政府代表在发言,尽管发言中掺杂着外交辞令,但还是能够清晰感觉到不同国家立场的差异。

在五天的参加会议期间,我代表中国人权研究会和北京青少年法律援助与研究中心分别做了两场大会发言。在非政府组织的发言席边上,很多人在排队,大家都非常珍惜这来之不易的两分钟。很多发言者在看着发言稿反复练习,生怕超时。我的发言虽然有稿子,但由于多年来不喜欢照本宣科,还是以稿子为基础,更多是现场即席发言,所以感觉还算生动。

两场发言后,一起同去的中国民间组织促进会副秘书长岳阳花跟我讲,佟律师的发言时间把握得真好啊,两分钟时间一到,也正好讲完。我说,在中央电视台经常做些直播,就是对把握发言时间最好的历练。

共参加了五场边会,其中两个发言给我留下深刻印象。一个是关于任意羁押主题的一个边会,整个会场主要就是来自埃及的一位女士在控诉当前军政府是如何残酷,任意羁押,实施各种酷刑,NGO及各种人权活动都不可能开展。后来有人提问,问了一个具体案件怎么办?她也表示没有办法。会议后我去与那位埃及女士交流,我问,相比当前和穆巴拉克时代,哪个好些?她说当前更糟,那时尽管有腐败,尽管有困难,还能工作，但当前是不能工作，几乎没有 NGO 的生存机会。她对现实和未来都充满沮丧，所以整场边会更像是一场无奈的控诉。革命往往是充满激情，但革命过后会怎样？那没有人知道。所以面对社会种种问题，我多年来信奉改革，尽管改革的过程缓慢，有时也存在很多不确定，但总的来说方向还是比较明确，代价也可能最小。

再有就是日内瓦本地一位先生的发言，主要解释介绍瑞士司法系统排外，审前羁押的主要是外国人，因为担心他们逃跑，对本地人宽容得很；对外地人不判社区劳动，怕判决社区劳动后结识了关系，在当地就业了。对外地人判刑明显要重。所以即使是西方发达国家、即使是国际组织所在地的日内瓦，其在司法程序中歧视外国人也是明显的。

2017 年 3 月，我安排两位同事到日内瓦参加了两周的联合国人权理事会第 34 届大会。既然我们已经申请了联合国特别咨商地位，既然我们已经在中国积累了丰富的解决现实问题的经验，既然我们关切人类社会的发展及命运，那么我们就走进联合国，去参与和思考一下如何应对人类社会面临的共同挑战吧！

所以我决定，2017 年 6 月，我将带领三位同事，组成致诚代表团，全程深度参与联合国人权理事会第 35 届大会。

这是一小步，但对中国社会组织来说是关键的一步。

2 联合国人权理事会开幕

2017 年 6 月 6 日,周二,这是联合国人权理事会第 35 届会议第一天。

早晨 6 点多,我起来到院子里散步。空气格外清新,心情也很不错。院子里有一大一小两棵樱桃树。大的高过房顶,需要用梯子才能爬上;小的也枝繁叶茂,结满了颜色不一的樱桃。信手摘下几颗,边吃边摘,品味不一样的人生。

7 点半多,等到我们快要出发的时候,天空突然下起雨来。本来想要步行去开会,不得不改乘公交车前往。因为是上班高峰,所以班车同样非常拥挤。

(1) 办理入门证

到了联合国门口,我们四个人面临着不同的情况。两个同事 3 月刚来开会,常年通行证件有效,所以直接进门去开会,我和另外一位同事就不得不排队等候办证。那么社会组织获得联合国咨商地位以后,需要办理怎样的入门证? 应该如何办理入门证呢?

一般来说,到联合国日内瓦办事处参加会议,最先的一个步骤是取得出入各联合国机构大会的入门证。而只有拥有联合国 ECOSOC 咨商地位的社会组织才能申请并取得入门证。EOCSOC 咨商地位的社会组织在会期以前在联合国有关社会组织的网站上填写相关信息并提交申请。收到确认函后,拿着确认函在万国宫安保入口处办理入门证。万国宫有许多个大门,办理证件的大门只有一个,地址为 Pregny Gate, 8-14 Avenue de la Paix 1211 Geneva 10,办理证件大门的马路对面为国际红十字委员会。

非政府组织进入联合国的身份证件分为两种。一种是以年为限,相当于长期证件,获得这种长期证件能够极大地方便非政府组织人员进出联合国。一般来说,一个拥有咨商地位的非政府组织最多有 5 名人员可以获得长期通行证。

另外一种是临时证件。非政府组织以外的更多参会人员,只能拿到临时证件。此类临时证件,只能根据选定的大会时间前往万国宫安保入口处办理,不能提前来办理。需要考虑的情况是,若会议时间为上午九点钟,则参会人员需要提早时间去办理,否则,可能会因过长的排队时间而错失会议。

办理前述两类证件,需要提供参会者的护照以及有关非政府组织的资格认定申请函(书面形式或邮件形式)。在办理证件的过程中,需要告知安保部门所申请的证件类型,以便其找到个人信息。从实际操作来看,长期证件和临时证件属于不同的选项系统,当安保人员默认所办理的为临时证件时,就难以找到办理长期证件的个人信息了。

获取出入万国宫的证件以后,非政府组织人员便可以参与联合国相关会议。人权理事会的大会地点为万国宫 E 楼第 20 号会议室,带有证件的人员可以出入该会议室旁听会议,否则,会被会议室门口的保安拦在门外。

天空依然在下小雨,我们只能慢慢等待。上次同事 3 月来的时候,说排队办证件就花了两个多小时,那天是大雨,她们就更惨。这次还好,一个多小时后,终于轮到我。但那位先生遗憾地告诉我,因为纽约联合国总部那边电脑系统似乎出了点小问题,所以我的证件不能办,似乎只能等他们问题解决了才能办。我说,那我怎么参加会议呢?他去问了他的同事,回来帮我办理了临时证件。我的同事也遇到同样问题,最后也是办理了临时证件。

本来说好下午3点以后应该可以去更换常年证件,但下午3点多我去问,那位先生表示很无奈,纽约那边问题还没有解决,所以他还是不能办。或许明天吧,那也只能寄希望纽约那边问题能够解决。

(2) 联合国人权理事会开幕

上午9点,在万国宫第 20 号会议室,人权理事会第 35 届大会正式开始。上午的会议由理事会主席 Joaquin Alexander

Maza Marteli 先生主持。在正式议程开始之前,乌拉圭总统
Tabare Vazquez 发表了讲话,其更多介绍乌拉圭对人权的尊重
以及乌拉圭积极参加联合国及其人权机制的情况,最后呼吁
构建一个公正及和平共处的社会。

联合国人权理事会大会会场

　　根据 2007 年联合国人权理事会通过的第 5/1 号决议,其
每届会议的内容都分为十大类项目,具体包括:

　　项目 1:组织和程序事项;

　　项目 2:联合国人权事务高级专员的年度报告以及
高级专员办事处的报告和秘书长的报告;

　　项目 3:增进和保护所有人权、公民、政治、经济、社

会和文化权利,包括发展权;

项目4:需要理事会注意的人权状况;

项目5:人权机构和机制;

项目6:普遍定期审议;

项目7:巴勒斯坦及其他阿拉伯被占领土的人权状况;

项目8:《维也纳宣言和行动纲领》的后续行动和执行情况;

项目9:种族主义、种族歧视、仇外心理和相关的不容忍现象,《德班宣言和行动纲领》的后续行动和执行情况;

项目10:技术援助和能力建设。

非政府组织可以根据自身组织方向选择相应项目参加会议。以北京市青少年法律援助与研究中心为例,机构主要涉及儿童方面的问题,而与儿童相关的人权理事会会议一般都属于项目3的类别。当然,如果想要全面了解人权理事会的运作机制及效果,最好就比较全面地参与。

乌拉圭总统讲话后,首先是处理议题1下有关组织和程序事宜,包括是否对第35届大会工作日程草稿有关内容进行修正,政府组织提交决议草案的截止时间,等等。

随后,进入议题2,人权高专就国际人权情况以及人权高专办开展的活动做介绍。现在的联合国人权高专是扎伊德·拉阿德·侯赛因(ZeidRaad al-Hussein),根据媒体的报道,在

2016 年 10 月,扎伊德曾经对特朗普竞选总统表达忧虑,他称,特朗普关于使用酷刑以及对弱势群体的态度实在令人忧虑。在日内瓦举行的一个新闻发布会上,他说,如果特朗普最终因其言论而当选总统,除非他作出改变,否则他无疑会成为国际社会的威胁。

人权高专今年讲话的开篇很有感染力,他讲了小时候自己对战争和暴力的切身感受,他说:

> 50 年前,那是我第一次听到战争声音的一天。我那时 3 岁半,尽管记忆很零碎,但我仍能记得在我安曼的家附近军人在乱转,武装卡车停在附近,后来飞机在头上盘旋。这是一场影响了我一生的战争,激发了我去深入理解巴勒斯坦人以及以色列人苦难的愿望——巴以的冲突绵延两个世纪,其最严重时出现了种族大屠杀。

人权高专结合自身经历谈到了巴勒斯坦和以色列的情况,随后对恐怖主义表示谴责。然后表示尽管很多人反复提醒其不要"naming and shaming"国家(不要指责羞辱具体国家),但是鉴于相关国家违反人权的情况一再发生,另外有些国家不配合联合国高专办开展人权访问和调查工作,所以他仍需要对国家的不良做法予以指名道姓的谴责。扎伊德的讲话反映了人权高专办对一些重大人权问题的态度,对此我有不同看法,我开始思考如何在我们将要举办的边会上提出我的观点。

随后,进入议题 3,上午审议了两个特别报告员的报告,一个是《防止基于性取向和性别认同的暴力和其他问题独立专家的报告》,报告人是 VititMuntarbhorn;另一个是《从性别角度看任意处决——法外处决、即审即决或任意处决》,报告人是 Agnes Callamard。两位报告员分别做完 10 分钟和 12 分钟的陈述后,报名发言的国家对两个报告进行评论。大多数国家都对特别报告员的报告表示赞赏,不过也有一些国家提出了一些问题以及反对意见:爱沙尼亚代表提出网络上的仇恨言论如何解决问题;巴基斯坦代表认为报告的范围不要超过决议要求的范围,在考虑妇女和 LGBT[LGBT 是女同性恋者(Lesbians)、男同性恋者(Gays)、双性恋者(Bisexuals)与跨性别者(Transgender)的英文首字母缩略字]问题的时候应当尊重历史文化宗教的差异;菲律宾代表提出报告缺失人民参与的部分以及贩毒问题对妇女儿童的影响。

VititMuntarbhorn 是一名国际法教授。他曾在牛津大学学习法律,并获得学士和硕士学位;后又在比利时自由大学学习欧盟法。他先后在各类联合国机构中任职,包括朝鲜民主主义人民共和国人权状况特别报告员,买卖儿童、儿童卖淫和儿童色情制品问题特别报告员,科特迪瓦国际咨询委员会主席,阿拉伯叙利亚共和国问题独立国际调查委员会委员等。目前,他在泰国朱拉隆功大学任职,教授国际法、人权法、国际人道法、劳工和难民法等。

Agnes Callamard 于 2016 年 8 月 1 日被任命为联合国法外处决、即审即决或任意处决问题特别报告员。同时,她还担任哥伦比亚大学全球言论自由项目的主任。她曾在大赦国际工作并担任机构秘书处办公室主任一职。

（3）美国聚焦委内瑞拉

随后，美国常驻联合国代表黑莉女士发言，她这次是专门从纽约来参加会议。2017 年年初，有国际媒体报道，美国正考虑退出人权理事会。黑莉出席联合国人权理事会是国际社会了解美国特朗普政府人权国际政策的重要机会，所以广受关注。

黑莉女士在强调了人权、民主、法治的重要意义后，对叙利亚、乌克兰、白俄罗斯等地的人权状况表示担忧，呼吁人权理事会通过强有力的决议。她的话题迅速转到委内瑞拉，批评委内瑞拉在人权保障方面的糟糕局面。她进一步表示：美国正"仔细审视"联合国人权理事会及美国在其中的角色："成为理事会的成员是一项特权，违反人权的国家不应该坐在这里"，"委内瑞拉应该主动退出"。她同时还批评人权理事会"带有偏见"，其对以色列所作出的五项决定"难以接受"。

下午 1 点半，我去参加了美国主办的边会。这场边会其实是美国和英国联合主办，在邀请大家参加边会的邀请函上，主办方就鲜明指出："边会将讨论委内瑞拉在最近抗议背景下的人权状况，其中至少 60 人被杀死，超过 1000 人受伤，将近 3000 人被羁押。"会上五位来自委内瑞拉的社会组织做了发言,显然都是来自反对马杜罗总统的阵营,都尖锐批评了委内瑞拉的人权状况。

参加完美国主办的这场边会后,我到院子里透透气,天气已经转晴,空气清新。院子里有很多石头,是会员国送的。我认真查找中国赠送的石头,终于找到了,照了张照片,算是对这块远离故土的中国石头的探望吧。

各国政府送给联合国一块石头,找到中国政府赠送的那块并合影

(4)关注大会发言

我一直在关注是否能够申请到大会发言的问题。尤其是明天,因为有特别报告员关于中国减贫问题的报告,我确实认

为那个报告不够准确和客观。所以希望在大会上有机会发言。

有咨商地位的非政府组织可以在会议期间就相关议题发表言论、表达自身观点。能否在人权理事会一般性辩论、专题小组讨论会以及交互式对话会中获得发言机会，取决于能否报名成功并排在报名发言人的前列。报名在联合国人权高专办非政府组织网站 http://ngoreg.ohchr.org 中的口头发言栏提交发言申请。

报名发言将在会议开始一周前的星期五、瑞士日内瓦时间下午2点起提交。记住这个时间点非常重要，因为这涉及报名的早晚以及报名的序列。一般来说，一般性辩论中给非政府组织提供的发言机会非常多，很多时候只要报名的非政府组织都能获得发言机会。相比一般性辩论环节，专题小组讨论会和交互式对话会的发言机会相对较少，专题小组讨论会中能够发言的非政府组织个数一般在6个。我们在有关流动儿童的专家讨论会中报名发言，但是因为排在第10位而没有发言的机会。

网上报名完成以后，非政府组织还需要在所报名的会议开始前24个小时到万国宫E楼20号会议室服务台确认报名以及发言者姓名。这一步也不能忽视，如果没有及时确认，即使报名排在前面的位置，也会被后面发言者取代。

一般发言的时间为2分钟，按照会议室大屏幕上的排序方式轮流发言。有关非政府组织发言的内容，依据会议内容不同而有所不同，但总的要求是要与大会正在审议或讨论的内容相关。考虑到人权理事会会议中政府的总发言时间居多,因此,要想更好地影响人权高级专员以及特别报告员的工作,非政府组织可以考虑与几个国家代表团建立紧密的联系,这样提出的意见和建议在会上可以得到更多数人的赞同,进而提高意见和建议被采纳的概率。

下午 5 点多,查询到我们所在两个单位的报名情况,遗憾的是,一个排到 26 位,一个排到 37 位,所以估计很难排到发言机会。但当同事去现场签到后告诉我,说截至 6 点前,包括我们在内签到的只有 10 位。根据要求,第二天 NGO 代表发言的,必须在前一天 6 点以前签到,如果这样,那意味着明天我还应该有发言机会。

3　就发言顺序与联合国官员交涉

2017 年 6 月 7 日,周三,联合国人权大会进入第二天。

今天在人权理事会的主会场,除了要就联合国人权高专的发言继续开展一般性辩论外,还有两个特别报告员要做报告。

小院内的樱桃树

早晨5点多起来,到院子里边吃樱桃边散步。为了增加一点运动内容,从墙角找到一根木棍,胡乱耍弄一番。而后回房间修改昨晚写的发言稿,使得发言内容更简练,也更温和。早晨8点多出发,步行去万国宫。租住的房屋离万国宫并不远,乘车正常情况下不到20分钟,步行走另外一条近路,也就30多分钟。先去办理了长期的通行证件,而后去会场旁听会议。

(1)恐怖主义的根源是什么?

一些国家发言时提出,高专办有什么措施来推进人权解决的有效性?俄罗斯代表提出,我们要扪心自问,为什么很多国家拒绝特别报告员访问?为什么不愿意与高专办和特别机制合作?伊拉克代表发言时提到,国际上仇视伊斯兰的言论,影响了伊斯兰人民享受人权保障。

委内瑞拉代表激烈反驳美国的指控,认为美国是霸权主义,希望通过政治对话解决当前危机,呼吁社会各界支持政治对话,支持法治和反恐,认为在委内瑞拉人权受到了较好保障,但很多人在破坏法治。

大家都在谈论要消除恐怖主义,但恐怖主义的根源是什么?为什么恐怖主义如此猖獗?为什么从小生活在英国、法国、澳大利亚的人也要发动恐怖袭击?如果不能认真反思恐怖主义产生的根源,回避这些问题,那么就永远不可能消除恐怖主义。即使在联合国,在人权理事会,一个明显的感受是,对这个话题也显然缺乏关注。

下午2点,见了联合国人权高专办驻地行动和技术合作司亚太处的负责人,他是中国政法大学人权研究院常务副院长张伟教授介绍给我的,他2010年到2013年在瑞士驻北京大使馆工作,从小在日内瓦长大,所以对这里非常熟悉。我们简单讨论了中国社会组织参与联合国人权机制的必要性以及未来可能的合作问题。谈到很多人对联合国工作不了解,他也介绍,自己在日内瓦长大,当前在联合国工作,但当地很多人也对联合国的工作机制及内容不了解。

(2)就发言顺序与联合国官员交涉

上午10点多,为了解最终是否能够发言,让人再去沟通,确定我们排在第11位,这个顺序发言肯定没有问题。但在下午5点多,同事告诉我,最后发言名单出来了,我们发言排在第17位,这是重大变化,这个顺序发言基本没戏。我让她们去了解变化的原因,并希望进行沟通和交涉。但过了一会儿,告诉我,只能这样了,没有办法。在那里负责答复的是个实习生,她只是在那里负责提供发言名录。

我问了可以交涉的地方,也就是负责NGO会议安排的办公室,到了那里,同事说明情况,那位年轻的女士去与另外一位女士沟通,她们也只能是做最简单的解释,后来另外一位穿黑衣的女士,应该是这个办公室的负责人过来解释,说昨天进门系统坏了,所以有些社会组织没有能够来得及发言确认,这样她们就延长了确认时间,今天上午确认也有效。

但我对这个解释不满意,我说,这不公平。首先你们有确定的政策,说前一天6点前要确认;其次,说纽约进门系统有问题,但我昨天也遇到了这样问题,我们可以办理临时证件,也就是说尽管系统有问题,但依然可以进门;再有,即使延长确认时间,但我们是昨天就确认的,这些额外延长时间后确认的发言应该排在后面,不应该再排在前面。

这位女士说,当前的安排很公平,我们政策是灵活的,根据情况变化可以及时调整。我说我们都应该尊重规则,规则应该是确定的。但她说,政策是可以依据背景的不同调整的。她最后说,或许你的建议有一定道理,额外延长时间确认的发言应该排在后面,但那是以后的事情了。现在只能这样。

交涉这件事情的过程让我感觉并不舒服。我并未看到她们有丝毫帮助解决问题的态度,她们只是努力在辩解。强烈的感触就是,政策是她们制定的,政策也是可以根据不同情况及时调整的,只能这样了,我们只能遵从。我历来反感官僚主义,不论在国内还是国外,对那些应付差事、高高在上甚至盛气凌人的做派都很反感,在联合国也不例外。

但作为一个新来者,我还是接受了这样的安排。

（3）赤贫和人权问题特别报告员发表关于中国问题的报告

　　下午 4 点,人权理事会就联合国赤贫和人权问题特别报告员所做的减贫问题报告开展互动式对话。特别报告员 Philip Alston 先生就其所做的减贫报告进行了阐述,他首先提到:

　　2017 年,国际人权的基本价值观遭受各种新的挑战。经济不安全感日益强烈,这种不安全感困扰着社会中的大量人群。然而面对这种严重的经济不安全感,人权领域提供的应对措施非常少。人权领域一直没有把享有适足的生活水平、工作和生活保障等放在重要地位。在这种背景下,解决问题的一个关键措施是以基本收入取代或补充现有的社会保障制度。基本收入是确保一个最低标准,定期无条件向所有人支付统一数额。此外,理事会需要特别关注工作权、享有社会保障的权利以及享有适足生活水平的权利。

　　随后,他介绍了 2016 年访问毛里塔尼亚的情况。通过访问,他发现毛里塔尼亚是个富裕的国家,在减少城市人口贫困问题上取得了重要的成就。然而,在农村地区,许多人始终处于贫困状态。例如,根据政府 2014 年的调研,2014 年有 31% 的人仍生活在贫困中,有 16.6% 的人仍生活在极端贫困中。在解决极端贫困方面,毛里塔尼亚还有许多的问题,包括社会和经济权利得不到承认,缺少准确的数据,政府腐败以及工作不透明,缺乏民间社会的参与等。

特别报告员介绍了 2016 年访问中国的情况。他首先指出,中国在减贫方面取得了巨大成就。中国在过去 30 年内让数亿公民摆脱了贫困。除了在消除贫困方面有着巨大进步,健康保险、养老保险、最低生活保障等覆盖范围非常广泛,此类保障显著增强。尽管在诸多方面存在巨大成就,中国仍存在许多问题:需要关注多维度贫困问题;在城市中,农民工在教育、保健和社会保障等方面受到不平等对待;低保方面缺乏准确的数据;女性的情况在很多方面被忽视;土地赔偿也并不是很理想。不过欣慰的是,中国政府都意识到了这些问题,并在采取措施处理这些问题。最后,他表示希望中国政府尊重并与其他国家一样平等适用特别程序机制,并表达了对有关律师问题的关注。

最后,特别报告员又介绍了沙特阿拉伯的情况。他对沙特阿拉伯的一些情况表达了担忧:信息不公开,生活在贫困状态的女性以及非沙特阿拉伯的公民权利被忽视等。同时也特别指出,一是政府也在进行改革,另外社交媒体在沙特阿拉伯也被广泛使用,这为女性公民提供了表达机会。

6 月 7 日晚上,北京尚权律师事务所张青松律师在德国开会后,旅行到日内瓦,在我们住处小聚。听他介绍了有些刑辩律师的故事,也很有意思。

4　两场国家间非正式磋商边会

2017 年 6 月 8 日,周四,联合国人权大会第三天。

早晨刚起来,就接到国务院妇女儿童工作委员会办公室一位工作人员电话,说下周中央领导有个座谈会,要推荐我作为专家参与。这是很好的就国内儿童保护工作建言献策的机会,但很遗憾我不能参加了。

上午准备"一个免于暴力的世界"的材料,关键是要确定自己的观点和建议。联合国人权理事会是全球最活跃的平台,大家已经讨论了很多。作为一个务实的中国人,就消除各种形式的暴力,如何提出有价值的观点? 这着实是个挑战。但有时思考的过程就是在成长,就是在突破自己认识的局限,我很享受这个过程。

（1）还是没能轮上发言

中午赶到大会场,各个国家正在就昨天减贫特别报告员的议题做发言。我坐在了圣卢西亚的坐席上,这是加勒比海的一个岛国。昨天下午就坐在了人家的坐席上。各个国家代表在就特别报告员的报告进行发言,会场没有给非政府组织留有座位,所以要想听会,只能随机找座位。有些小国使馆人少,对不感兴趣的话题就不来人,所以总能空出一些座位来。

终于轮到非政府组织发言,我昨天排在第 17 位,今天有个组织没来人,所以我排到了第 16 位,正好卡在可能要讲也可能没机会讲的关口。大家开始按顺序发言,似乎我要排上,第 14 位讲完后,第 15 位开始发言,我坐到了发言席。

第 15 位发言的先生是位阿拉伯人,他明显过于紧张,语速极快。主持人已经在提醒他,但他全然不顾,依旧极迅速地讲完。他用了两分钟,但主持人说,由于他讲得太快,翻译都没有翻译,所以他需要重新发言。唉,我只能叹气。他又开始讲,语速依然极快。

他终于讲完了,但主持人宣布,这轮发言结束了。这位老兄浪费了 2 分钟,所以我就没有机会讲了。还好,后面我还有很多发言的机会。

(2) 美国 NGO 控诉美国政府侵犯 人权的边会

下午 3 点到 4 点半,由美国自由联盟(American Civil Liberties Union,ACLU)联合其他三家社会组织召开"美国和平集会和结社自由"的边会,我从大会场出来已经3点半多,去参加这个边会时其已经开始。ACLU在美国是一家有重要影响的社会组织,我在2004年曾经走访过该组织,其致力于"捍卫并保护美国宪法和法律所保障的在这个国家内的每个人的个人权利和自由",1920年由三位公民自由活跃分子创建,其主要诉讼对象是政府,资金来源主要是个人捐款,拥有40万成员和支持者,每年处理大约6000件法院诉讼案件,其关注的问题包括广泛的公民自由,诸如刑事司法、妇女的权利、言论自由、穷人的权利、投票权和毒品政策等领域。

在四家社会组织事先制作的边会宣传材料上,其介绍:"在过去几年,美国经历了前所未有的大量人群走上街头抗议各种议题:警察杀害非武装的黑人;发展项目侵害土著居民的权利;水污染;总统针对穆斯林和难民的旅行禁令;对妇女权利的威胁;日益增长的反对工会和工人权利的做法,比如限制包括移民工人在内的工人权利,限制组织和赢得劳工权利的权利。"

这个边会邀请了2016年7月联合国原和平集会与结社自由特别报告员和几家社会组织,几家社会组织纷纷痛陈美国当前在人权领域存在的种种问题。有位发言代表说,他致力于倡导法治改革,过去几年已经超过十次被逮捕。这种局面与美国驻联合国代表的发言形成鲜明对照。但这也给我们以启示,人权的发展关键是修炼内功,也就是要切实提高本国人民的人权水平,让更多普通百姓享受到良好的人权保障。任何制度都会有缺陷,任何时候都会有问题。有问题是正常的,不要怕有人讲出来,关键是我们如何推动相关问题的解决。

(3)以基本收入取代救济金的制度设想

听完美国边会后又去听了减贫特别报告员主持的一个关于减贫主题的边会。

这个边会主要在讨论用一个普世的基本收入代替救济金等现有的社会福利制度的做法与人权的关系,以及推行普世基本收入的可行性。边会由减贫和人权问题特别报告员主持。Professor Phillippe Van Parijs 和 Professor Guy Standing 两位这一制度的大力倡导者都参加了这场讨论。无条件基本收入(Unconditional Basic Income),又称为全民基本收入(Universal Basic Income)或者基本收入(Basic Income),就是在不审查任何条件情况下,由国家为其提供基本收入。

两位教授认为这项措施的主要好处是:①基本收入提供基本的安全感或者说是安全保障,拥有保障(Security)是一种人权,高度的安全感/保障会让人更聪明;②基本收入可以减少急躁和愤怒;③普遍基本收入针对个体而非家庭;④普遍基本收入可以解决"失业陷阱"等问题,人们不会因为接受了一份低收入工作,就失去领取救济金的资格。这种模式在纳米比亚、印度、芬兰等国一些地方做了试点,他们认为试点效果良好,比如卫生医疗、女童上学等等情况得到了改善,妇女、残障者等群体受益更多等。

但还没有一个国家敢于做这样的制度安排,高度富裕的瑞士在 2016 年 6 月曾经就此举行公投,以决定是否每月向每名成年公民发放将近 2500 瑞士法郎(约 2570 美元)。最后反对者约 76.9%,赞成者约 20%,否决了这一倡议。市民还是担心"不劳而获"会令许多人不再工作。

这是一个主意,但现在还很难评价其效果。就我个人观点,其一定会激发人性中懒惰的因素膨胀,最终导致社会失去活力,越来越多人不愿意劳动。

(4)人道主义下的童婚、早婚和强迫婚姻决议的非正式磋商

上午 10 点,就"人道主义下的童婚、早婚和强迫婚姻"决议草案进行了第一轮公开的非正式磋商,这也是边会的一种形式,即国家间非正式磋商边会。

倡导该决议的核心国家有 30 个,荷兰和塞拉利昂为主要的代表国家,所以该决议草案由荷兰代表和塞拉利昂主持讨论修改。有关童婚、早婚和强迫婚姻的问题已经被多次讨论过,人权理事会和联合国大会也都出台了相关决议。这一决议的不同之处在于这里着重强调了人道主义的背景,整个草案包括两个部分,第一部分为 PP 条款,即为序言条款,共有

14 条;第二部分为 Op 条款,即为正文条款,共有 19 条。整个磋商时间持续一个半小时,鉴于这个决议草案是第一次进行磋商,所以进程比较缓慢,一个半小时只讨论了决议序言部分。

① 程序性问题

非正式磋商一般由诸多倡导国中的国家代表主持。在本磋商中即为荷兰和塞拉利昂代表主持。磋商分为两个部分,第一部分是各个与会国家就决议的内容发表一般评论性意见。例如,在本磋商中,塞拉利昂代表先问各个与会国家代表是否有一般评论,一些国家举牌发言,其中:一些国家表示支持决议草案,丹麦代表表示完全支持本决议,这个议题提出得非常及时;法国代表表示支持本决议,但是决议中的一些语言希望做出调整;博茨瓦纳表示支持本决议,认为在武装冲突等环境下,保护儿童非常有必要。而另一些国家则对这一决议持有相反意见,俄罗斯代表认为这个决议的前提是人道主义,他们对这一前提设置表示担忧,另外决议草案中提到了很多文件,但是有些文件没有法律约束力,还有一些文件没有得到国家的承认。伊朗代表对于决议中新出现的规定不予认同。

第二部分是对决议草案进行逐条的讨论和修改。首先,主持人先问就序言第 1—3 条(PP1-3)是否有相关修改意见,然后各个国家表达意见。例如,埃及代表要求第 2 条的"reaffirming"改成"recalling"。沙特阿拉伯代表紧接着表示支持埃及代表提出的修改意见。丹麦代表则提出相反意见,认为第

2 条的"reaffirming"不应当做出修改。俄罗斯代表则表示支持埃及代表的意见,并指出当提到人权理事会的决议用"reaffirming",而提到联合国大会的决议时需要用"recalling",因为该条款后提到的决议是联合国大会的决议,所以应该用"recalling"。在其他国家代表没有进一步意见的时候,主持人接着问就序言第 4—6 条是否有修改意见。如此循环往复,直到整个决议全部磋商完成。

在决议讨论过程中,各个国家提出的修改意见,都由主持会议的国家代表进行修改,并在本次会议之后,下一次会议之前发送邮件至各个参会国家。对于有些国家对文本做出的大幅度修改,主持人会希望其将文本发送至该国家代表邮箱。当然,对于各个国家提出的修改意见,倡导国家也不是全部接受,他们会在各个国家提出的不同修改意见中进行选择和妥协,以修改为一个能够为与会大多数国家都能接受的文字版本。

另外,社会组织也可以参与到决议的磋商过程中,就决议草案发表一般性意见以及对决议草案中的序言和条款提出具体的修改意见。例如,在该边会中,主持人在各个国家发言结束后,他会问是否有民间社会需要发言。当然,社会组织是否能发表意见和建议,还取决于主持会议的国家是否愿意听取民间社会的意见。

② 实体内容磋商

在磋商过程中,各个代表国家提出了很多有关文字的修

改意见,其中有一些修改在不同国家之间有不同反应:

首先,就所涉及的群体。在该决议草案中,很多序言条款都涉及妇女以及女孩的权利保护。而对于是否只有这些主体受到保护在一些国家中间产生了争议。丹麦代表认为序言第九条规定的"国家倡导和保护妇女以及女孩的人权和基本自由"中,应当增加"Adolescent"(青少年)的规定。对此,芬兰代表表示支持。但是俄罗斯对此则评论道"最近似乎欧盟国家在各类决议中都加入青少年这一群体",认为这个概念是比较模糊的概念,对于青少年到底指哪个年龄段的人群其实并不清晰,因而不建议将这个概念加入到相应条款中。另外还有相似的单词是"youth"(青年人),这种概念也非常模糊,也不能放到决议条款中。另外俄罗斯代表认为,应该将女孩改为男孩和女孩,认为这个决议只是涉及女孩,那男孩该怎么办?难道男孩就不应受到保护吗?但丹麦代表认为男孩当然也应该受到保护,但在所涉及的经济、健康、社会地位方面,全球的统计数据都显示出女孩是更弱势的一方,所以主要对女孩予以保护。

其次,是关于教育权利问题。决议草案序言第 11 条规定"Noting with concern that child, early and forced marriage is itself a significant obstacle to educational opportunities for girls and young women, and recognizing that educational opportunities are directly related to the empowerment of women and girl",意思是,"关注到童婚、早婚和强迫婚姻是对女童和年轻妇女享有教育机会的明显障碍,承认接受教育机会直接关系到对儿童

和妇女的赋权"。芬兰代表认为该条款中规定的第一个教育机会(educational opportunities)应该变更为"the fully enjoyment of right to education"(全面享有教育权),第二个教育机会改为"教育"。瑞典对于芬兰的提议表示支持。巴拿马代表对于提议也表示支持,但认为要实现一种平衡,因为可能有些国家并不能实现"the fully enjoyment of right to education"。

新西兰对芬兰的意见也表示支持,但同时提出这种教育要"including comprehensive sexually education"(包含广泛的性教育)。挪威和丹麦代表对于纳入性教育表示支持。但是一些中东国家对此持反对意见。伊朗国家表示对性教育的权利持保留意见,认为性教育应当要考虑社会的文化和宗教规范,如果这么规定的话,国家的规定就可能与这些文化和宗教规范背道而驰;而提出这些不能被文化所接受的观点不是在服务人民。在是否考虑性教育这一问题上,俄罗斯代表则提出了一个折中的意见,决议的主题是童婚、早婚和强迫婚姻,在这一问题上,比较重要的是要教育学会说不。而不是进行系统化的性教育,你怎么知道这些性教育是好的?会不会产生负面影响呢?

(5)"实现每个女孩平等享有教育权" 决议草案的非正式磋商

下午3点到4点半,就"实现每个女孩平等享有教育权"

的决议草案,各国进行了非正式磋商。该会议由阿联酋主持,也就意味着这一主题主要由其发起。在该会议上,所讨论的决议草案已经是经过几轮的非正式磋商之后形成的内容,而且该决议草案将在 15 日之前提交理事会投票,所以该磋商已经是接近尾声的磋商。

主持人首先对以往磋商中各个国家代表提出的意见做了一些评述。其中两点评论是:首先,对于这个决议中所提到的是否还应该增加男孩或者直接更改为儿童,各个代表团有不同的意见,在这个问题上也有很多讨论。主持人在会后与其他倡导国家讨论后,在草案中的一些地方将女孩修改成为儿童。例如,序言第五条修改为"Recalling further the need to ensure all children enjoy the right to education"。其次,在涉及教育这个问题上,各个国家也有很多意见,许多国家提出扩大教育权的内容。但是主持人认为他们不想扩大决议中涉及的教育权利,否则这样一来,决议囊括的内容就太广了。

随后,主持人就决议文本主持讨论和修改。因为已经是几经讨论的文本,所以这个讨论不再是逐条进行,而是问大家对整个序言内容是否有修改意见,具体条款是否有修改意见。在这次讨论中,争议比较大并且讨论时间比较长的内容有两个。

一个是什么时候实现教育权?文本规定"the realization of the equal enjoyment of the right to education"。美国代表认为,在实现教育权时,考虑到不同国家的不同发展情况,比如美国国内公立和私立学校相关的教育制度就有所不同,所以建议在文本中增加"Progressively",即改为逐步实现教育权。埃及代表对此也表示支持,认为实现教育权是一个循序渐进的过程。就此,主持人承认教育权不是在一夜之间实现的,是一个循序渐进的过程。但是主持人谈到去年在涉及类似教育权决议磋商时,他们是加入了"Progressively",但是很多国家要求删去该词,今年却是另一番景象。欧盟、巴西、芬兰代表就此持相反意见,认为应当立即实现女童的受教育权。巴西代表认为在让女童享受教育权这个问题上,不是一个循序渐进的过程,而应当、必须立即确认"should be done immediately"。芬兰代表认为,教育权,特别是教育权中非歧视、小学教育这些内容应当立即予以实现;当然,国家就此开展的措施和行动可以是循序渐进式的。

另一个争议点是正文第二条第三款"early pregnancy"(早孕)。第二条第三款规定"Repeal laws and policies that can negatively affect girls' rights to education including those related to child, early and forced marriage, early pregnancy, provision of safe and quality sanitation facilities in school and adopt positive measures to advance gender equality that specifically combat discrimination in education",意思是,"废除对女童受教育权产生消极影响的法律和政策,包括涉及童婚、早婚、强迫婚姻、早孕,以及在校安全和学校优质卫生设施的规定,并采取积极措施,以促进明确针对教育中歧视的性别平等"。就此,欧盟代表问道什么是早孕"early pregnancy"?早孕这个词汇不准确,应该改为怀孕的女孩"pregnant girl"。丹麦代表认为早孕这

种措辞明显是在排除怀孕的女孩,现实生活中确实有很多的女孩在年龄很小的时候就怀孕了,而且希望这部分怀孕的女孩仍然有接受教育的权利。智利代表表示,这种措施让其感到"confused",其支持欧盟的观点。埃及也表示,这个决议讨论的主题就是女孩,"early pregnancy"这种措辞会显得非常奇怪。主持人解释道,决议希望保护怀孕女孩的受教育权,但是在与核心倡导国讨论后,他们认为怀孕的女孩在一些国家是不能被接受的。因为女孩在法定年龄之前怀孕是被国家所禁止的,所以不能用怀孕的女孩(pregnant girl)这种提法,这种提法在暗含怀孕女孩的合法性。就主持人的解释,俄罗斯和美国代表表示赞同。瑞士提出是不是可以改为"girls getting pregnant",但是主持人认为这还是在说怀孕的女孩。

5　反拐报告和专家讨论会

2017 年 6 月 9 日,周五,联合国人权大会进入第四天。

上午 9 点到下午 1 点,项目 3 下,有关法律和实践中的歧视妇女问题工作组报告相关问题情况并与国家和 NGO 进行互动式对话;下午 1 点至 3 点,项目 3 下,有关拐卖人口问题特别报告员报告相关问题情况;下午 3 点至 5 点,就无人陪伴的移民儿童和青少年及人权问题开展专家讨论会。

早晨六点多起来,先是处理单位的几项工作,然后开始准备一天的行程。上午要外出访问,所以只能安排同事去会场参加相关会议。

(1)走访日内瓦大学儿童法中心

上午 9 点多,张青松律师驾驶,我们驱车去见日内瓦大学儿童法中心的两位教授。这个儿童法中心原来是一个社会组织,去年刚合并到日内瓦大学。办公地址在远离日内瓦的一个小镇。

我们驱车近两个小时,沿着美丽的日内瓦湖畔,临近中午,终于到了这个中心。两栋独立的小楼,在一片美丽但略显荒凉的空地上。我们与中心副主任 Prof.Karl Hanson 和副教授 Daniel Stoecklin 进行了一个小时热烈的讨论,并就未来可能的合作达成初步共识。

儿童权利研究中心因瑞士教育部门改革后合并到日内瓦大学。中心是大学间儿童权利网络的一员,这里面包括莱顿大学的儿童法中心。中心主要有三项工作:教学、科研和服务。瑞士的学位分为三等,分别是第一等级本科,第二等级硕士,第三等级继续教育(这其中又分为两种,学术研究方向和实践方向)。两位教授重点介绍第三等级实践方向的一个英语 Master 项目,供已经有硕士学位的人申请学习。项目为业余时间,每个阶段 1 周,每年 3 次,一共 7 次上课,两年时间完成学位,到目前还没有中国学生,两位教授希望我们在中国多介绍这个项目。

我对儿童法领域人才的培养非常感兴趣,但问题是,这个课程可能难以达到国内教育部关于学位认证的要求,所以可能很难在国内推广。

(2)与 ECPAT 高级官员会面

回来后到住处取了证件,马上赶到万国宫。与消除针对儿童性剥削国际联盟(ECPAT, ending the sexual exploitation of children)国际组织高级官员 Catherine Mbengue 女士见面,我们希望邀请她参加我们 21 日要举办的反对针对儿童性侵的边会并做发言,她提出希望事先见面沟通一下。她所在的机构开始于 1990 年开展的 End Child Prostitution in Asian Tourisn 项目,目前在 88 个国家有 98 个社会组织成员网络,秘书处设在曼谷。该机构只关注一个问题,即儿童性剥削问题。Catherine 以前在联合国儿童基金会工作,在儿基会工作 30 年后退休并进入当前机构工作。去年她主要处理非洲成员的协调工作,因此大部分时间在曼谷和非洲各处。今年她主要负责跟进联合国各类机制,因而目前工作地一般是在阿曼以及瑞士日内瓦。

她希望我们考虑成为他们的成员,因为该组织在中国还没有一个成员。伴随中国企业在海外的快速发展,国际社会认为中国在这一领域应该发挥引领作用。就网络儿童性剥削情况,她们周一要在国际电信联盟理事会举办一场专题会议进行讨论,希望邀请我们参加。我们也同意派人参加并马上进行网上注册。

Catherine 还提到,2017 年 9 月,UN WTO(World Tourism Organization)的大会将在中国举办,我们随后在网上查到,中国成功获得 2017 年联合国世界旅游组织第 22 届大会承办权。大会将于 2017 年 9 月在四川成都举办。该次大会将讨论将旅游行为准则(Code of Conduct)上升为公约,并开放给国家签字。该旅游准则中,也有打击旅游和旅行中性剥削的规定,ECPAT 对这一条款的规定有一定贡献。她建议我们关注并参与该会议。

这确实是一个重要的领域,我们未来确实应该对这个领域有更多的关注。伴随越来越多中国企业以及个人走出去,中国在国际社会应该发挥良好的榜样作用。

(3)拐卖问题

本该在今天上午9点开展的有关拐卖的会议被调整到下午2点以后。另外,鉴于3点以后有小组讨论,拐卖儿童的互动式对话调整到下周进行。下午只是特别报告员就其研究报告做一阐述。其在发言中谈道:

联合国以及各个国家很早就意识到拐卖问题,并在过去10年采取了很多措施来应对和解决这一问题。但这些措施是否有效呢?现实中还面临哪些挑战呢?报告员认为,许多国家出台法律禁止拐卖人口进行强迫劳动,但这些措施宣传很不够,很多社区等基层单位并不了解;国家在制定政策过程中,没有很好利用社会组织的力量,制定的政策缺乏社会组织的声音等。针对这些挑战,报告员对国家提出的建议是:要批准国际文书,并使国内立法和国际标准一致;要进行有效和透明立法,要求公司披露信息;要加强对招工机构的监管,保护工人免遭雇主、招工机构在招聘中实施侵犯其人权的行为;国家要确保工人在遇到权利侵害时可以获得法律救济。

特别报告员介绍了对科威特和美国访问的情况,在对科威特和美国的邀请与合作表示感谢基础上,他也对一些问题表达了担忧。如在科威特,以劳动力剥削为目的的拐卖中,国家关注的主要是家政工人,而其他可能被拐卖的移民工人被忽视;国家缺乏应对拐卖问题的策略;国家严苛的移民政策导致一些被拐卖的人口没有被识别出来并为他们提供援助;受害者在收容所的行动自由受到限制;对拐卖案件提起诉讼的情况很少。因此,特别报告员建议政府批准相关国际公约;加强有关拐卖的立法;希望政府设立一个政府间机构,并与社会组织和国际组织合作,联合打击拐卖;希望政府为受害者提供有效的援助。

特别报告员也对美国的一些情况表示担忧:不太确认以劳动力剥削为目的的拐卖和性剥削以外的其他拐卖;目前美国实施的移民政策,包括对于移民的拘留、提供短期收容场所、遣返无陪伴的移民儿童等政策,滋生了人口拐卖及再拐卖行为。另外,一些州缺乏与收容场所以及避难所相关的法律,这也可能导致拐卖的发生。经济不平等、歧视、对劳工的保护不充分等情况也助长了拐卖行为。

鉴于此,特别报告员建议美国政府采取措施,消除拐卖滋生的土壤,包括贫困、经济不平等、不充分的劳工保护以及严苛的移民政策;建议政府让移民者获得短期护照、不再拘留儿童、为受害者提供服务并保证受害者获得救济;提高对以劳动力剥削为目的的拐卖案件审查力度,对于那些被拐卖后卖淫的人员不实行惩罚措施,加强数据搜集和统计等。

（4）无陪伴的移民儿童和青少年以及
人权的专家讨论会

下午 3 点至 6 点，人权理事会举行了有关无陪伴的移民儿童和青少年以及人权（unaccompanied migrate children and adolescents and human rights）专家讨论会。会议由人权理事会主席 Joaquín Maza Martelli 主持，人权高专扎伊德做开场发言，专家小组的主持人由人权高专议题参与、特别程序及发展权部门主任 Peggy Hicks 担任，专家组成员来自儿童权利委员会、人权理事会咨询委员会、联合国儿基会等。

首先，大会主持人要求按键确认发言国家并根据按键的快慢确定发言顺序。随后，由人权高专发言。之后，大会主持交由专家小组主持人，专家发言没有特别的时间限制，但每个专家发言的时间大约在 10 分钟以内。所有专家发言结束后，专家小组主持人将话筒交给大会主持人，主持人主持国家发言和社会组织发言。

首先是国家发言，第一轮发言的国家大概有 10 个，每个国家有 2 分钟的时间就主题发表意见；随后社会组织发言，第一轮发言的社会组织有 3 个，每个社会组织有 2 分钟的发言时间。社会组织除了直接在会场预留席位上发言以外，还可以事先录制视频并在大会上播放。在本讨论会中，第一个发言的社会组织就是播放了事先录制的视频。随后就国家和社会组织的发言,主席台上的专家进行一轮评论。

随后进行第二轮发言,第二轮国家以及社会组织的发言个数和发言时间同第一轮类似。然后根据讨论会的时间是否充裕,决定是否再增加国家和社会组织发言。在本讨论会中,因为时间比较充裕,在两轮发言后,主持人还给了6个国家及1个社会组织发言的机会。最后,由专家就上述发言进行评论,会议结束。

(5) 人权与商业

6月8日,由国际法律家委员会(The International Commission of Jurists,ICJ)举办了"商业对于尊重人权的责任——在 UNGPs 通过6年之后的挑战与机遇"主题边会。UNGPs 即 United Nations Guiding Principles on Business and Human Rights,是一个旨在预防和解决商业活动中损害人权问题的全球准则。2011年6月16日联合国人权理事会上通过该准则,是联合国针对企业人权责任问题的第一个框架性倡导文件。

会议由 ICJ 秘书长 Saman Zia-Zarifi 致发言词,ICJ 的一名高级法律顾问 Carlos Lopez 主持。2011年 UNGP 颁布之后,商业的人权责任标准得到了更多重视。一些公司表明,愿意在包括其全球供应链的范围内,遵循相关准则并接受审查,推动一些国内或国际性的立法进程取得进展。然而,尽管取得了这些进展,但商业中损害人权的现象依然普遍,企业发现、监督与预防人权侵害的能力依然薄弱,受害人获得救济的机会依然渺茫。专家重点讨论了 UNGP 本身存在的问题以及改进的建议,在实践中的情况及一些缺陷。

6月9日,韩国几家劳工组织举办了以"加强与供应链相关的企业追责"为主题的边会。会议由联合国人权理事会一名工作人员主持,共有7位发言人。包括一名因工伤失明的受害者,一名撰写了相关调查报告的教授,以及一些劳工组织的工作人员。现场讨论的报告,为一项针对韩国著名电子企业三星和 LG 关联的供应链公司中甲醇中毒事件的调查。报告介绍说至少6名工人因此受到严重损伤。相关劳工组织呼吁韩国政府与三星、LG 等企业道歉并采取举措。受害者及劳工组织人员在大会讨论中提到,韩国政府对此有一个回应,但他们表示并不满意。敦促政府和企业要实质性道歉。

6 信息社会世界峰会

2017 年 6 月 12 日,又是一个周一,联合国人权大会进入第五天。

经过两天的休整,日渐习惯了日内瓦的节奏。院子里小树上的樱桃基本都熟了,每天在院子里散步时都会摘上几颗,也不洗,边散步边慢慢品味。

上午大会继续就上周特别报告员就拐卖问题的报告由国家代表发言。中国政府代表介绍了中国在打拐方面所采取的措施。作为一名熟悉中国儿童保护现状的专业人士,我认为,过去几年来,中国在儿童打拐方面取得了重大进展,尤其是建立全国打拐 DNA 数据库系统、儿童失踪案件一律按刑事案件立案,刑法修正案九规定收买者也一律入罪,这些措施从体制机制上全面推动了中国预防和打击拐卖儿童案件的发生。中国在这一领域的国际合作中应该更积极主动,不仅在联合国会议期间可以组织边会,也可以推动相关务实的国际合作。

（1）信息社会世界峰会

6月12日至6月17日，信息社会世界峰会（World Summit on the Information Society）在国际电信联盟（International Telecommunication Union，ITU）总部举办。该峰会的组织者包括国际电信联盟、联合国教科文组织（UNESCO）联合国贸易和发展会议（UNCTAD）以及联合国开发计划署（UNDP），主要协调方为国际电信联盟。会议期间，有大量专题讨论会在国际电信联盟各会议室举办。

第一组讨论了基础薄弱国家互联网治理能力建设问题，由互联网名称与数字地址分配机构主办。在会上，来自ITU等机构的人员介绍了在非洲等地区进行互联网治理能力建设的经验。埃塞俄比亚、肯尼亚等政府的代表也参与了发言。第二组讨论了数字化创新下的社会影响力问题，由WSIS旗下的世界峰会奖项（WSA）举办，该奖项每年会评选一些优秀的创新项目及个人，并不断推动其社区的发展。

第三组讨论了暗网带来的伦理及法律影响。这是我第一次听说暗网这个词，其指与明网相对的、不能够被搜索引擎找到、不基于公开地址的网络。其最大的特点在于匿名性。一般需要通过vpn和专门的浏览器才能够浏览。暗网（或深网）中有一部分是合法的，包括图书馆数据库、网络数据信息等，但也有很多是非法的。由于其匿名的特点，暗网成了很多非法活动的平台,诸如贩毒、色情传播、逃避审查的政治活动等,也因此成为 FBI 等机构的眼中钉。暗网对法律及政策管理带来了新的挑战,关于隐私等伦理话题的讨论也成为焦点所在。来自法国的 Rayna Stamboliyska 博士认为相比于暗网,更加值得关注的是 FBI 在网上的行为,即是否能随意地黑入他人的网络。另一名来自丹麦的律师则分析了暗网带来的挑战,如电子信息取证的困难等等。

信息和通信技术与社会及个人生活的方方面面紧密相连,如何通过信息和通信技术加强政府管理,推动地区的发展和减贫;如何处理信息化社会中的隐私等伦理与法律问题;如何推动信息化社会朝着符合人们期待的方向发展,减少不平等、暴力与人权的侵害;如何通过技术创新实现可持续发展的目标等等,这些都是人类社会面临的新的挑战。

(2)停止网络儿童性剥削的边会

6月12日上午9点,有关网络儿童性剥削的专题讨论会在国际电信联盟举办。会议的主题为:我们保护全球联盟:停止网络儿童性剥削的多边行动,会议主持人为来自 ECPAT 的高级专家 Catherine,主席台专家包括贩卖儿童和儿童性剥削问题特别报告员、联合国儿基会、国际刑警组织以及来自英国非政府组织的项目官员。

如今信息和通信技术,包括广播、电视、移动电话、计算机和网络硬件软件在内,日益成为日常生活不可分割的内容。互联网的发展为儿童获取信息和行使权利带来了无限可能,但也给儿童带来了风险:特别是互联网在全球的迅速扩张使得与个人的联系日益增多,但也将更多儿童和青年暴露于性虐待和新形式的性剥削风险之下。风险包括性虐待儿童的图像和材料(儿童色情制品)的泛滥,儿童被陌生成年人性诱导,儿童自创与性有关的内容并进行传播等。由于互联网跨越国家,这给与此有关的侦查、调查、受害者的确定和执法带来了困难。所以,各国、各国际组织、各公司必须加强联系共同应对这些问题。

在国际组织这一层面上,最值得注意的是 2030 年可持续发展目标(SDGs)。该目标 16.2 提出"制止对儿童进行虐待、剥削、贩卖以及一些形式的暴力和酷刑";目标第 8.7 提出"立即采取有效措施,根除强制劳动、现代奴隶制和贩卖人口,禁止和消除最恶劣形式的童工,包括招募和利用童兵,到 2025 年终止一切形式的童工",而所提及的"禁止和消除最恶劣形式的童工",根据《禁止和立即行动消除最恶劣形式的童工劳动公约》(*ILO Convention No.*182)第 3 条的规定,包括:"(a)所有形式的奴隶制和类似奴隶制的做法,如出售和贩卖儿童、债务劳役和奴役,以及强迫或强制劳动,包括强迫或强制招募儿童用于武装冲突;(b)使用、招收或提供儿童卖淫、生产色情制品或进行色情表演;(c)使用、招收或提供儿童从事非法工作,特别是生产和贩卖有关国际条约中界定的毒品;(d)在可能对儿童健康、安全或道德有伤害的环境中工作"。从前述目标和相关公约解释来看,可持续发展目标明确消除儿童性剥削。

除了在2030年可持续发展目标中做了承诺,其他联合国机制也在关注儿童性剥削与信息社会的问题。例如人权理事会在2016年的儿童权利年度全天讨论会中,主要关注的问题就是信息和通信技术和儿童性侵。就目前已经存在的各类与网络中的儿童有关的机制来说,特别报告员表示需要加强这些机制的作用,需要加强国际合作,让各个利益相关方,包括国家、社会组织、公司等各个方面都参与进来。

在国家层面上消除网络中的儿童性剥削,也离不开各方力量的参与。让各个利益相关方参与进来非常重要,而同样重要的是存在一个日常的协调机构,这能联系到所有部门且让所有信息汇集起来。

在涉及防止网络出现各类儿童色情信息时,联合国儿基会、国际刑警组织以及社会组织都提到了数据的重要性。国际刑警组织开发了有关国际儿童性侵害的数据库,但是有100多个国家基于各类原因都没有连接该数据库。社会组织认为只有大量可靠的数据统计才有说服力,才能说服政府、公司等有关方面开展项目来制止网络儿童色情信息。

除了数据统计搜集以外,儿基会和社会组织还开展防止网络儿童色情信息的项目。社会组织开发了热线,任何人在网络上发现任何有关儿童的色情信息都可以向该热线举报,该热线工作人员会查看该信息,如果涉及违反相关国际标准,就会向相关国家的相关机构报告,要求国家机构介入调查。

他们还会每天在网络上浏览各类信息，举报涉嫌儿童的色情信息，机构在开展工作时发现儿童色情图片中有一半涉及的儿童是 10 岁以下的。这里需要注意的一点是因为网络是跨国界的，所以对信息的举报也可能是跨国界的。

尽管各个方面防止儿童性剥削的工作都在开展，但一些人也提出，项目被群众、尤其是非欧洲国家的人所知晓的程度比较低，可能需要开展一些提高公众认识的措施。

（3）拜访日内瓦国际服务中心

下午 4 点，我们赶到日内瓦国际服务中心（the Geneva Welcome Center，CAGI），这是 1996 年瑞士联邦政府和日内瓦政府为了加强日内瓦的国际影响力而设立的一个机构，我们根据其职能翻译了这个中文名称。该机构不仅为各国驻日内瓦政府代表团、跨国公司服务，更为社会组织备案和登记提供服务。

我们与该机构社会组织服务部主任 Julien Beauvallet 先生进行了充分交流。他们很自豪日内瓦是一个独一无二的国际化城市，在宣传材料中就明确写道，对那些想要建设一个更好世界的人来说，日内瓦是那种要说第二就没有人敢说第一的城市。

日内瓦不仅是因为有联合国欧洲总部才成为国际化城市。其国际化最早起源于非政府组织，也就是 1863 年国际红十字委员会的建立。红十字国际委员会是由 1863 年 2 月 9 日亨利·杜南等 5 人创建的"五人委员会"发展而来的,最初不过是五个人建立的一个小组织,建立八天之后,五人决定将委员会更名为"伤兵救护国际委员会"。1876 年,委员会采用了新的名称"红十字国际委员会"。1914 年的时候这个组织还只有 12 名雇员,但现在其全球雇员已经超过 1.3 万名。国际非政府组织的建立及发展扩大了该城市的影响,这为后来国际联盟及联合国欧洲总部选址日内瓦奠定了基础。

Julien 先生介绍,日内瓦对公民社会的态度是基于结社自由,对于成立协会的规定只有 20 条,对于成立基金会有 10 条。CAGI 的工作主要是一种服务,而不是管理或者是控制。这也是日内瓦的法律与欧洲其他国家法律的不同之处,在德国、英国等地还是存在或多或少的控制。

对于活跃在日内瓦的社团,不需要前期的批准,但是活动要遵守法律。因为他们不去控制,所以没有准确的数据,通常说大约有 350—450 家 INGO 的总部或者分支机构在日内瓦,大约有 2500 名员工。联合国、WTO 等有 22000 员工,再加上各国驻联合国的使团,总共在日内瓦大约有 30000 名雇员。

我提到北京的定位之一是国际交往中心,未来有机会日内瓦国际服务中心也应该和北京相关政府管理部门建立沟通机制,他个人认为这很有必要,除了经贸等领域外,社会组织的交往是必要的、可靠的、可持续的。他也非常支持中国社会组织要积极参与国际事务。从他所接触的各个国家社会组织来说,来自中国的还非常少。

另外,从国际影响的角度而言,构建一个政府间组织是一个漫长的过程,这需要复杂的谈判,可能需要十年或者更长时间。但在日内瓦建立一个非政府组织可能就是两天的事情,而后就可能开展工作。现在国际上大的基金会很多,只要你的主意够好,就会有基金会愿意投钱给你,那么很快就会实现新的想法,非常迅速。从他的介绍我更深切地感受到,相对中国而言,当前不仅是要积极支持联合国开展工作,更需要搭建一些国际非政府组织的平台,积极支持其开展工作,以尽快为构建人类命运共同体这样的宏伟目标做出切实贡献。

7 关于家庭保护的尖锐争论

2017 年 6 月 13 日,周二,联合国人权大会进入第六天。

天气依然不错。今天大会的议程相对简单,主要是就妇女人权问题进行讨论。

(1) 消除针对儿童暴力全球伙伴计划

上午 10 点前,赶到紧邻日内瓦湖畔的一家咖啡馆,与原国际救助儿童会日内瓦办事处的主任见面。去年她曾经随国际救助儿童会的一个代表团到过我们中心。我们很快就认出彼此。大家进行了非常坦率的交流。其中她向我们介绍的消除针对儿童暴力全球伙伴计划(Global Partnership to End Violence against Children)让人印象深刻。

2030 发展目标提出了各国政府要在 2030 年前消灭针对儿童的暴力,这个计划使各国政府、国际组织、公民社会、私营部门、慈善部门和基金会、专家学者有机会共同应对一切针对儿童的暴力行为,其在国际层面主要是由联合国儿童基金会、世界卫生组织、联合国人权高专办以及非政府组织牵头,项目最初是由 1 个来自联合国儿童基金会的项目官员、3 个来自非政府组织的人组成,问题关键是联合国儿童基金会的加入赋予了这个项目"名分",也就是其成为名正言顺的国际政府间项目,但其实其主要运作则是由国际非政府组织在负责。

这个庞大的计划希望各个经济发展程度的政府加入和做出贡献,因为儿童暴力不仅在贫穷国家发生,像在瑞典、英国等相对富裕的国家针对儿童的暴力也是广泛存在的。目前已有 13 个国家做出承诺,包括印度尼西亚、菲律宾、斯里兰卡、坦桑尼亚、乌干达、尼日利亚、罗马尼亚、瑞典、英国、墨西哥等。当然承诺仅仅是一个开始。并且有 10 个以上的国家正在计划加入。各个国家实施情况不同,有的国家靠活跃的NGO,有的国家靠地区 UNICEF 办公室来推动。

其实施主要是七个战略:INSPIRE,

Implementation and enforcement of laws 法律的执行和实施;

Norms and values 标准和价值

Safe environment 安全的环境

Parent and caregiver support 父母和照料者的支持

Income and economic strengthening 收入和经济条件的帮助

Response and support services 响应和支持服务

Education and life skills 教育和生活技能

原来承诺提供资金支持的国家主要是英国已经提供资金,其他国家还没有提供资金,其当前面临着资金缺乏的现实困难。我对这个项目的运作模式非常感兴趣,希望能够进一步了解。

(2)"人道主义下的童婚、早婚和强迫婚姻"草案第三次非正式磋商

下午 1:30 到 3:00 召开了由塞拉利昂和荷兰主持的有关"人道主义下的童婚、早婚和强迫婚姻"决议草案第一稿第三次非正式磋商。第一次非正式磋商只审议到序言第 13 段,第二次非正式磋商审议了序言第 14 段以及正文 1—12 段,本次是第三次非正式磋商,审议了决议草案剩下的内容,即正文第13 段到 20 段。

在本次磋商中,比较大的争议点主要是两个方面:

① 普遍定期审议机制

正文第 14 条规定:"Invites States to consider including, as appropriate, within the framework of relevant national action plans, and in their national reports in the context of the Universal Periodic Review(UPR), any best practices and implementation efforts as well as identified challenges relating to the elimination of child, early and forced marriage, including within humanitarian settings",意思是,"决议鼓励缔约国酌情在相关国家行动计划的框架及普遍定期审议(UPR)的国家报告中加入包括在人道主义背景下的,关于消除童婚、早婚以及强迫婚姻在内的已有最佳实践、做出的努力以及确定面临的挑战"。

俄罗斯代表认为应当删去这一条款,普遍定期审议是人权理事会的一个固定机制,其所包括的内容也有具体的规定,我们不应该去告诉这个机制你该如何做;而且,这一条款是在试图将这个问题主流化(mainstreaming the issue)。但是其他许多国家对这一条款的规定表示支持,不过也有一定的差别,丹麦代表支持保留第 14 条,另外还提出要删去"as appropriate"(酌情),强化国家要考虑纳入普遍定期审议,认为这样就可以通过 UPR 来向国家提出一系列与此有关的建议。新西兰代表也表示支持第 14 条并删除"as appropriate"。斯洛伐克代表认为第 14 条很重要,需要保留。澳大利亚代表认为第 14 条需要保留,但是对删去"as appropriate"这个问题上却不予支持。

② OHCHR 以及其他机制根据决议需要开展的工作

正文第 16 条规定,"Requests the OHCHR to research, analyze and collate information relating to child, early and forced marriage in humanitarian settings, with input of all relevant stakeholders, including humanitarian organizations and civil society, and provide a written report to the 41st session of the Human Rights Council, including recommendations on preventing and responding to such instances of child, early and forced marriage from a human rights perspective and in order to inform existing and evolving humanitarian practices",意思是,"决议要求联合国人权事务高级专员办事处(OHCHR)与包括人道主义机构和公民社会在内的所有利益相关者一起努力,调查、分析并整理在人道主义背景下,涉及童婚、早婚、强迫婚姻的信息,并向人权理事会第41届会议提交包含从人权视角出发并以昭示已有的和不断演变的人道主义实践为目的的,针对防止和应对此类童婚、早婚以及强迫婚姻事件的建议的书面报告"。

正文第 17 条规定" Encourages relevant existing mechanisms of the Human Rights Council to consider and report on instances of child, early and forced marriage, including in humanitarian settings, during the exercise of their mandates",意思是,"决议鼓励人权理事会的相关已有机制审议并报告在其履行职务期间的包括在人道主义背景下的童婚、早婚和强迫婚姻的事例"。

正文第 18 条规定" Requests the OHCHR to create an online database to collate information, as well as existing resources relating to child, early and forced marriage, including in humanitarian settings",意思是,"决议要求联合国人权事务高级专员办事处(OHCHR)建立在线数据库,来整理信息和包括在人道主义背景下的涉及童婚、早婚和强迫婚姻的已有资源"。

正文第19条规定"Further requests the High Commissioner

to provide an oral update to the Human Rights Council at its 38th session, focusing on OHCR-led action on child, early and forced marriage, including on promoting a human-rights based approach to child, early and forced marriage in humanitarian settings", 意思是,"决议进一步要求人权高级专员向人权理事会第 38 届会议口头报告最新情况,聚焦联合国人权高级专员办事处主导的针对童婚、早婚和强迫婚姻的行动,包括促进在人道主义背景下针对童婚、早婚和强迫婚姻的以人权为基础的方略"。

对于前述规定,比利时代表表示不理解这是一个什么机制,希望主持人能够澄清。俄罗斯代表也表示希望主持人对这些条款作出解释,并针对第 16 条和第 18 条提出 OHCHR 是否是开展这项工作的合适机制。就这个问题,目前只有一个独立专家在开展这项工作,而且她的工作已经很多了,也就是开展这项工作的人力方面存在问题。另外,进行数据搜集并制作数据库需要项目预算(PBI Program Budget Implication),那么 OHCHR 是否有这些项目预算呢?现在联合国已经有儿基会、妇女署,这些机构都有项目预算,长期以来也一直从事这方面的工作,他们是不是更合适开展这项工作呢?(PBI and Human Resources 的角度)就第 16 条,俄罗斯代表还注意到在提到的利益攸关方(stakeholders)中没有提到政府,那政府在这方面开展的好的做法和面临的挑战就不能反映出来了,这是否合适?第 19 条规定了要求高级专员在第 38 届大会上提供一个口头更新,这种表述非常模糊。

对于第 16—19 条的规定,主持人塞拉利昂代表作出解释:就这些条款,倡导国的想法是将现有各类机构就此问题已经开展的工作以及所做的研究整合汇集,并在人权高专办主页上设置一个专项页面公开这些信息,这样就可以方便今后政府、非政府组织等查询信息,所以并不需要特别报告员开展额外的研究工作。这里的想法是设立一个 Portal 而不是一个 Database。在解释后,芬兰和新西兰代表对这一想法表示支持。

全部条款国家磋商结束了,主持人问是否有 NGO 需要发言。其中有两个 NGO 发表意见:一个 NGO 发言比较偏个人权利派,一个 NGO 发言偏传统派。其中一个鲜明的对比是在综合性教育(comprehensive sexual education)上,前一个 NGO 对于纳入综合性教育表示非常支持,而后一个 NGO 认为在综合性教育问题上需要审慎,需要考虑不同文化、宗教情况。

会后,和在场的其中一个 NGO(Family Watch International)代表就如何参与 UN 决策和家庭保护问题简单交流。就参与 UN 决策来说,最直接的方式是和本国驻联合国代表建立联系,这样对于大会要讨论的议题都能从本国驻联合国代表中事先获取。当然,也可以和长期关注相关议题的其他国家代表团建立联系。其他的方式是和同领域的其他 NGO 建立合作关系,进行信息共享。在 NGO 参与联合国方面,在日内瓦 NGO 可以参加联合国各类活动,但是在纽约,很多会议 NGO 都不能参与,NGO 只能在联合国周边开展工作。就家庭保护而言,由于这个机构主要关注家庭问题,所以一直密切关注并参与联合国有关家庭的问题。他们可以提前获取有关家庭保护议题的议程和文本内容,并在会上提出观点或作出回应。

(3)家庭保护决议的非正式磋商

下午4点半至6点半,举行了有关家庭保护决议草案的非正式磋商会议。会议由埃及代表主持,决议的讨论由俄罗斯代表Natalie主持。

① 三年来家庭保护相关议题在联合国引发广泛争议

对家庭保护看似不应存在争议,早期各种国际公约也都强调家庭的作用。《世界人权宣言》第十六条第三款和《公民权利和政治权利国际公约》第二十三条第一款都规定:"家庭是天然和基本的社会单位,并应受社会和国家的保护";《经济、社会、文化权利国际公约》第十条第一款规定:"对作为社会的自然基本单元的家庭,特别是对于它的建立和当它负责照顾和教育未独立的儿童时,应给予尽可能广泛的保护协助。"《儿童权利公约》序言规定:"深信家庭作为社会的基本单元,作为家庭的所有成员、特别是儿童成长和幸福的自然环境,应获得必要的保护和协助。"《残障人权利公约》序言第二十四段规定:"深信家庭是自然和基本的社会组织单元,有权获得社会和国家的保护。"联合国大会还通过决议,确认1994年作为国际家庭年,并明确提出"家庭:变化世界中的动力与责任"的主题,在 2004 年和 2014 年还开展了国际家庭年 10 周年和 20 周年纪念活动。

有关家庭保护的话题,从 2014 年开始在联合国人权理事会受到广泛关注。2014 年 6 月 23 日,在联合国第 29 次理事会上,埃及发起"保护家庭"决议,并获得俄罗斯、乌干达、卡塔尔等多个国家的支持,中国也属于支持国的一员。决议提到:"家庭是社会的自然、基本单元,应有权受到社会和国家的保护。"原英文是:"Reaffirming that the family is the natural and fundamental group unit of society and is entitled to protection by society and the state"。不论中西方,大家都珍视家庭的作用,"保护家庭"的决议似乎不应该有任何争议,但在决议背后,却牵涉到关于如何看待 LGBT 以及个人权益的观念冲突,以致引发了不同国家之间激烈的争论,最后,经过表决,大会最终以 26 票赞成、14 票反对、6 票弃权通过了人权理事会第 26/11 号有关家庭保护的决议。

2015 年 7 月,在人权理事会第 29 届大会上,沙特阿拉伯和埃及代表,在 85 个联合国成员国的支持下,提出"保护家庭:家庭对其成员实现适足生活水准权的贡献,特别是在消除贫穷和实现可持续发展中的作用"决议草案,草案依然存在争论,最后经过表决,以 29 票赞成、14 票反对和 4 票弃权获得通过,形成了人权理事会第 29/22 号决议。

2016 年 7 月,在联合国人权理事会第 32 届大会期间,白俄罗斯、埃及和卡塔尔代表,在 73 个联合国成员国的支持下,提出"保护家庭:家庭在支持保护和促进残障人权利方面的作用"决议草案,草案依然存在很多争议,最后经过表决,以32 票赞同、12 票反对以及 3 票弃权通过,形成了人权理事会第 32/23 号决议。

今年联合国人权理事会第 35 次会议,埃及、俄罗斯等国再次提出了有关家庭在保护老年人权益方面的决议。

② 关于家庭保护相关争议的焦点

在关于家庭保护相关决议的争论中,其焦点集中在两个问题:

首先是家庭的形式,家庭是否存在多种形式? family 还是 families? 早期国际人权公约都是 family,比如,《世界人权宣言》第十六条第三款规定,"The family is the natural and fundamental group unit of society and is entitled to protection by society and the State",意思是,"家庭是天然的和基本的社会单元,并应受社会和国家的保护"。联合国儿童权利公约总则部分提出,"Convinced that the family, as the fundamental group of society and the natural environment for the growth and well-being of all its members and particularly children, should be afforded the necessary protection and assistance so that it can fully assume its responsibilities within the community",意思是,"深信家庭作为社会的基本单元,作为家庭的所有成员特别是儿童的成长和幸福的自然环境,应获得必要的保护和协助,以充分负起它在社会上的责任"。

问题是,《世界人权宣言》是联合国 1948 年通过的,《儿童权利公约》是 1989 年 11 月第 44 次联合国大会通过、1990 年 9 月生效的,在过去十多年时间,LGBT 权利得到了巨大发展:2001 年,荷兰成为第一个同性恋婚姻合法的国家,到 2017 年 2 月,在全球范围内同性婚姻合法的国家已经达到 22 个。绝大多数西方国家尤其是支持同性婚姻合法的国家强烈反对这种传统的单一"家庭"模式,认为家庭的模式应该更加多元,同性家庭同样应该受到法律保障。

在 LGBT 权利议题上,联合国成员国也划分为了两个阵营,反对方以俄罗斯为中心、发展中国家为主力建立了联盟,并与以西方国家为代表的集团形成了对抗。反对一方中,有国家因为自身宗教、历史文化等原因持鲜明的反对立场,如中东、非洲等国,但还有一些发展中国家认为与经济发展相比,LGBT 权利只是次要的问题,如印度尼西亚在性权议题上曾表态,"我们并不认同性和生育权是维持发展唯一或最重要的因素"。因此,一般情况下会跟随西方脚步的一些国家,在 LBGT 权利议题上经常会打破与西方的同盟。如在 2014 年"保护家庭决议"中,原本预期至少会保持中立立场的菲律宾、印尼等国也投了赞同票。

归纳起来,就家庭形式的讨论,在联合国的争议中存在三种观点。

第一种观点以欧洲国家和部分南美洲国家为代表,主张在保护家庭系列决议中确认家庭形式的多样性。而这种家庭形式的多样性不仅包括传统的一夫一妻制家庭、单亲家庭、儿童户主家庭、代际家庭,还包括近年来西方国家都予以承认的同性恋家庭等新型家庭形式。在以往各个决议的讨论中，欧洲国家和部分南美国家都不断提出对保护家庭系列决议的修正，要求在草案中增加"考虑（或认识到）不同文化、政治和社会制度中存在各种家庭形式"的内容。

第二种观点以俄罗斯、中国、东南亚部分国家、伊斯兰国家、中东国家和非洲国家为代表，主张在保护家庭系列决议中确认传统的一夫一妻制，以及单亲家庭、儿童户主家庭、代际家庭等家庭形式，但不主张将欧洲国家近年来新兴家庭形式纳入其中。

第三种观点以巴基斯坦、沙特阿拉伯、阿联酋为代表，主张家庭只包括男女结合的家庭，反对同性之间的婚姻。在第26届大会上，巴基斯坦、沙特阿拉伯、阿联酋提出在草案中增加"确认成年男女，不受种族、国际或宗教的任何限制，有权婚嫁和成立家庭，同时铭记婚姻是一对男女的结合"的修正意见；在第29届大会上，巴基斯坦提出在草案中增加"认识到所有年龄段的男子和妇女都有权结婚和建立家庭，不因种族、民族或宗教而有任何限制，铭记婚姻是一个男人和一个女人之间的联姻"的修正意见。提出前述修正案表达了婚姻应当是男女的结合，也就否定了目前在欧美国家盛行的同性恋婚姻合法化的观点。

综合上述各方观点，欧美国家提出确认"不同文化、政治和社会制度中存在各种家庭形式"的意见；俄罗斯、中国等国家承认存在各种家庭形式，但是决议中不要涉及这一问题；巴基斯坦等国家要求严格限制婚姻为男和女结合的意见。各方看似讨论是否承认多种家庭形式,实则聚焦在是否确认同性结合的家庭形式。

另外一个争议的焦点问题是如何平衡家庭及其成员的权利。支持决议的俄罗斯、中国、东南亚部分国家、伊斯兰国家、中东国家和非洲国家强调家庭的作用,但并未否定对其家庭成员权利的保护,很多决议草案中也都包括了对其家庭成员也就是个人权利的保护。但是以欧美为代表的反对相关决议的国家认为强调家庭保护客观上削弱了对家庭成员也就是个人权利的保护,所以在多次决议讨论中,挪威等很多国家多次提出将"作为自然和基本社会群体单位的家庭"改为"家庭及其成员",将"保护家庭"改为"保护家庭及其成员"。就家庭保护的地位问题,欧美国家内部也存在两种不同看法:第一种是承认家庭的作用以及对家庭的保护,但家庭保护是为了更好地实现家庭成员的权利,比如瑞士代表在讨论中曾提出,承认家庭的重大作用,对家庭保护表示支持,但家庭的作用是照顾、扶持家庭中的成员。第二种是淡化家庭的角色,英国代表曾经提出,在社会发展过程中是家庭中的个人而非家庭在发挥着重要的作用,家庭在国际法下并不是权利的持有者,个人才是人权的主体。

③ 本次非正式磋商中争论

在以往每个与家庭保护相关的决议中存在明显分歧一样,这次,欧洲以及拉丁美洲一些国家再次提出要在决议中增加,"在不同的文化、政治和经济制度中,存在不同的家庭形式"（In different cultural, political and social systems, various forms of the family exists）。

欧盟代表首先在总体评论中提出要在决议中强调不同家庭形式存在的重要性,其在具体条款审议过程中,又不断提出这一意见。在审议序言第 5 条时,欧盟代表认为应该在第 5 条后增加 PP5 bis 提及不同家庭形式的存在。挪威代表对增加这一条款表示支持,巴西代表也表示会正面考虑欧盟代表的意见,美国代表对欧盟代表的这一意见也表示支持。在审议正文第 1—3 条时,欧盟代表又提出在第 2 条后增加 Op2 bis,提及不同文化经济制度中不同家庭形式的存在。

乌拉圭代表表示支持欧盟代表的建议,并表示去年在审议有关家庭保护的决议中,核心倡导国并未采纳该意见,原因是可能涉及 LGBT 的问题,但是这个条款不涉及 LGBT 主流化的问题,我们只是在提出一个事实,这个事实是不同国家制度中,确实存在着不同的家庭形式,我们希望加入这句话,不是在试图对家庭进行定义,这句话只是一个实际情况的表达,是一个事实,国家在执行相关决议的时候可以依据国家内的法律来执行。加拿大代表对于欧盟的提议表示完全的支持,并表示这一条款不是在试图定义家庭,而是在承认不同家庭形式的存在。瑞典、澳大利亚、阿尔巴尼亚也纷纷对该条表示支持。巴西代表表示,正因为这个问题非常有争议,才更要进行讨论。这句话不是在试图定义家庭,而是尊重不同国家的文化差异。只有尊重各国的文化差异,才能更好地确认家庭的角色。

在审议正文第 25 条时,欧盟代表又再次提出要加入不同文化、政治和经济制度中不同家庭形式的存在。巴西代表对欧盟的意见表示赞同,阿尔巴尼亚代表对于不同家庭形式存在的措辞表示支持。在审议正文第 27 条时,欧盟代表提出要邀请民间社会加入进来讨论不同家庭形式的问题,乌拉圭代表对欧盟代表的提议表示支持。

对于一些成员国一再倡导加入不同文化、政治和经济制度中不同家庭形式的存在,主持人俄罗斯代表 Nathalie 在讨论开始时就表示:在过去的几年间,我们所倡导的对家庭的保护的目的不是在强迫任何国家任何人对家庭的大小、对家庭进行定义,家庭不是一个权利的拥有者,决议所强调的是对家庭的保护能够让家庭中的个人权利得到更好的保障。在欧盟和乌拉圭不断提出要求增加不同家庭形式存在的条款时,俄罗斯代表表示其不会对这一问题开展进一步的讨论。加入这句话实际是一些国家在试图将一些在国家间争议非常大的问题在国际上合法化。这句话非常有争议,为什么呢? 举例来说,最近我看到一则哥伦比亚的新闻,说的是在哥伦比亚有三个男人组成了家庭。对这个问题,我们俄罗斯是一个比较传统的国家,我也是一个传统的人,对于这种家庭形式是不会接受的。根据俄罗斯法律,家庭的定义仅是父亲、母亲和孩子组成的家庭,我不能在这个决议中接受那些违背俄罗斯法律的条款。我们倡导本决议,并不是想对家庭做一个定义,而是我们认为长期以来家庭这个社会机构的作用被社会忽视。我们承认在一些情况下,家庭没有很好地保护家庭中的成员,但是在大多数时候,家庭还是很成功的。另外,决议并不是希望确认家庭为权利的持有者(family as a right holder),决议也不会就家庭在理事会创造权利保护机制。伊朗代表对于俄罗斯代表有关不定义家庭的解释表示支持。

这是一个我非常关注的话题,3月份两位同事参加人权理事会第34届会议时,就参加了相关讨论。我也认真看了相关材料。这次亲自参加各国就新决议的非正式磋商,还是有很多感触。多样性是真实的存在,不同信仰及价值观也是客观存在,如何磋商出一个决议,确实需要智慧和耐心。

(4)中国就发展权发表声明

今天下午,中国常驻联合国日内瓦办事处和瑞士其他国际组织代表马朝旭大使代表140多个国家发表了题为"共同努力消除贫困,促进和保护人权"的联合声明。

马朝旭大使发言指出,目前,全球仍有8亿多人生活在贫困之中。如何有效减缓和消除贫困,为更好促进和保护人权创造条件,是国际社会面临的共同挑战。为此他提出了四点主张:

一是加快可持续发展,发挥扶贫开发与经济社会发展相互促进作用,推动扶贫减贫、经济、社会、文化和环境发展与人权保障统筹兼顾、协调发展。

二是综合施策,实施开发式扶贫,把精准扶贫、精准脱贫作为基本方略,加强贫困地区基础设施建设,为贫困人口提供卫生、教育、文化等公共服务,扩大就业,提升贫困人口自我发展能力。

三是坚持社会公平公正。以保障和改善民生为重点,建立和完善社会保障体系,切实保障妇女、儿童、老年人、残疾人等弱势群体权利,使全体人民共享发展成果,实现共同富裕。

四是加强减贫国际合作。维护和发展开放型世界经济,建立以合作共赢为核心的新型国际减贫伙伴关系,推进南北合作,加强南南合作。联合国应在推动国际减贫事业方面发挥重要作用。

他最后呼吁,国际社会同舟共济,携手合作,为尽早实现彻底消除贫困的目标、共同建设一个没有贫困、共同可持续发展的人类命运共同体而不懈努力。

本来以为下午能够赶上一般性辩论发言,但下午只有13家NGO代表发言,到3点,会议改为就妇女权益的讨论。我们的发言只能等到明天了。

8　联合国会场相继响起
中国社会组织的声音

2017 年 6 月 14 日,周三,联合国人权大会进入第七天。

早晨阴天,不到 6 点就醒了,习惯性地到院子里散散步。这样的天气还好,适合穿西服。否则,日内瓦的晴天,阳光太强烈,穿西装太热。

上午准时赶到大会会场,今天上午正常有我们两场发言,所以大家都很重视。一个新的变化是,今天上午我们多了一位兼职代表赵越同学。在来日内瓦以前,人民大学法学院的老师就介绍过她:人大硕士研究生,学习了法语,来日内瓦大学法学院再读一个硕士,今年 7 月份硕士毕业,要留下来继续读三年的博士。

我们刚到日内瓦的第二天就见过面,她给我们介绍了当地的一些风土人情。一是有人大老师的介绍,另外她也给我留下了良好的印象,我们很快达成了进一步合作的意向:她做我们日常在联合国的兼职代表。一方面,我们有联合国ECOSOC 咨商地位,可以全面参与联合国活动,但目前在日内瓦没有办公室、没有常驻代表；另一方面，她作为学生也缺乏这种实质参与的机会。所以这种机制应该说是一种创新，对双方都有益。我们今天特地为她办理了常年通行证件。

就中国法治问题，在一般性辩论环节发言

（1）宣传我们曾经推动的"全球承诺儿童行动"

上午9点37分，由齐晓萌代表北京青少年法律援助与研究中心发言，这是我们为今年3月她们参加联合国人权理事会准备的发言，遗憾的是当时没有机会讲。发言开篇即提到：

如联合国秘书长安东尼奥·古特雷斯在今年早些时候提到:在当今世界,我们看到越来越多的民粹主义和极端主义相互助长的反常现象在狂热中相互滋长,以至于这个世界变得更加危险、不可预测和混乱。

我们常常把孩子看作希望,尤其是当建立和谐繁荣的人类社会之时。

然而,我们成就几何?尽管我们都在试着促进联合国儿童权利公约的实施,以及儿童权利和儿童保护方面的立法改革。

成人世界缺乏对待儿童态度的基本认知影响了我们工作效果。作为以儿童权利作为职业的成年人,我们可曾认真考虑过除了敦促政府颁布新的法律和政策外,我们自身该如何对待儿童?

随后,发言重点介绍了我们曾经发起的"全球承诺儿童行动":

我们——北京青少年法律援助与研究中心,愿意推动一场全球运动,介绍成年人应该知道的如何对待儿童的六个基本原则。它非常容易记忆——hearrr,代表帮助、平等、反暴力、尊重、责任和榜样。

每一个成年人一旦学会和实践这些原则,就会从根本上改变儿童的生存状况。

我深深地希望,我们每一个人都可以记住并转播

HEARRR。

那么什么是"全球承诺儿童行动"？为什么我们要在联合国人权理事会上发言推广这一行动？

基于近 20 年儿童权益保护的经历，我深深地意识到，尽管儿童权益保护关系到每个家庭，尽管儿童的发展关系到人类的未来，但人们对这项伟大的事业说得多、做得少，其中一个重要现象就是在如何对待儿童问题上缺乏共识，不同背景、不同文化的人有不同的态度。我就此问题问过很多人，其中包括专门从事儿童保护的人，但每个人都要认真思考一下，给出不同的答案。所以我们决定策划一项行动，这项行动不仅是在中国，而是在全球推广。其核心内容是六个关键词，其英文首字母缩写为 HEARRR，意为倾听。

HEARRR 的六个原则。

一、Help——帮助：我会在孩子需要时伸出援手

儿童身心尚未成熟，他们需要成年人的帮助。

1. 在儿童需要帮助的时候，每位成年人都应当伸出援手，为儿童提供尽可能的帮助；

2. 对经济困难、身体残障、监护缺失的儿童，每位成年人都应当努力为其提供帮助；

3. 在战争、自然灾害、受到伤害等紧急情况下，每位成年人都应当及时为儿童提供最大帮助；

二、Equality——平等：我坚信所有的孩子都是平等的

所有儿童都是平等的。不论儿童或者其父母或其他监护

人的种族、肤色、性别、语言、宗教、政治或其他见解、民族、族裔或社会出身、财产、伤残、出生或其他身份而有任何差别,儿童都是平等的,反对针对儿童的任何歧视。

1. 每位成年人都应当平等对待每位儿童;

2. 每位成年人都应当对困境儿童给予特别关爱;

3. 每位成年人都不应当歧视任何儿童。

三、Against violence——反对暴力:我反对一切面向孩子的暴力

针对儿童的一切暴力都是不能容忍的。

1. 反对针对儿童实施的身体虐待、精神虐待、性虐待、忽视等各种形式的暴力行为;

2. 特别关注和预防家庭暴力、校园欺凌;

3. 特别关注和预防在战争和冲突状态下针对儿童的暴力;

四、Respect——尊重:我尊重所有的孩子

每位儿童都是独立的权利主体。要尊重儿童的尊严、权利与价值。互相尊重是人类文明的体现,不论对方是弱小还是强大,都应获得尊重。尽管儿童弱小,但他们是独立的人,他们很快将长大成人,他们将改变未来的世界。

1. 每位成年人都应当尊重儿童享有的生命权、健康权、名誉权、隐私权等基本权利;

2. 每位成年人都应当积极与儿童进行交流和沟通;

3. 每位成年人都应当鼓励和支持儿童参与与其相关的事项。

五、Responsibility——责任:我愿意承担对孩子的责任

每位成年人都应当对儿童的健康成长及未来发展担负责任。

1. 每位成年人都应当担负对儿童的社会责任;

2. 每位父母都应当履行对儿童的法律责任;

3. 政府官员、企业家、媒体等每个行业的人都应当基于职业道德承担对儿童的特殊责任。

六、Role Model——榜样:我愿意成为孩子们的榜样

每位成年人都应当努力成为儿童的榜样。

1. 每位成年人都应当修身齐家,努力成为儿童做人的榜样;

2. 每位成年人都应当待人友善、宽容,努力成为儿童处事的榜样;

3. 每位成年人都应当关心国家的发展、人类的命运,努力成为儿童发展的榜样。

2012 年 3 月 1 日,我们正式推广这一行动。当天我们邀请联合国儿基会、国际救助儿童会等国际组织项目官员、"女童保护"项目创始人孙雪梅、童书妈妈三川玲等国内儿童保护领域知名人士参与了启动仪式,在我介绍了基本背景和六项原则后,举办了中、英文两场小范围讨论会,嘉宾结合自身的经验,畅谈了对 HEARRR 的每个原则的感受和认识。活动当天,在微信上的传播就超过一万人次参与。随后,我们陆续推动在瑞典、印度、澳大利亚等不同国家组织了小范围讨论会,在中国针对教师、普通父母、农民工等群体也组织了小范

围讨论会,每次讨论都带来令人欣喜的效果。

这是北京青少年法律援助与研究中心尝试发起的一次全球倡导行动,我们希望积累发起全球行动的经验。活动举办4个月后,我们把行动带到联合国,我们要在联合国舞台上介绍来自中国一家社会组织的声音。

（2）介绍中国司法改革的情况

上午9点57分,我代表北京致诚农民工法律援助与研究中心发言。

我在发言开篇就开宗明义地提出:"参加本次会议一个深刻的感受是:国际社会对中国正在全面开展的法治改革缺乏基本的了解,联合国关于赤贫和人权问题特别报告人所介绍的情况也并不准确和客观。"随后我简单介绍了中国司法体制改革、刑事诉讼法改革、以审判为中心的诉讼制度改革、立案制改革等情况。

最后我说:"任何国家的法治改革都需要一个过程,中国也不能例外。建设一个公正廉洁、能够更好保障人权的司法制度是中国改革的目标,也是世界各国人民对本国司法制度的期待。但梦想与现实总是存在差距,这是我们人权保障及人类探索的动力。我希望国际社会能够继续就如何建设公正权威的司法进行交流,以促进世界各国法治建设和人权保障事业的快速发展。"

我的发言慷慨激昂。在不到半个小时时间内,有两家中国社会组织先后在人权理事会的主会场中发言,很好地发出了中国声音。有意思的是,两次发言都是致诚所属的社会组织,这让我们感受到了责任与使命。

(3)"构建人类命运共同体与人权"的专题研讨会

下午3点,中国人权研究会举办"构建人类命运共同体与人权"的专题讨论,马朝旭大使首先致辞,他提出五个坚持:坚持主权平等;坚持多边主义;坚持对话合作;坚持包容共建,没有放之四海而皆准的措施;坚持和平发展,战争、冲突、动荡是导致很多严重人权事件的根源。

中国人权研究会鲁广锦秘书长致辞,他发言首先谈到习近平主席在日内瓦讲话强调"构建人类命运共同体",他认为,"构建人类命运共同体"理念,从时空维度对人类整体进行关怀,将"你""我"变成"我们",更加强调世界上每个国家和每个国家的人民都享有平等的权利和机会,都是全球治理的平等参与者。他说:"这一理念顺应了全球化发展大势,超越了传统人权观,树立了'全人类的共同命运'的新标尺,体现了人权发展的时代精神。"

随后,希腊和巴基斯坦大使相继致辞,两国大使都对中国习近平主席提出的"构建人类命运共同体"倡议给予充分肯定,认为"反映了国际社会追求共赢发展的愿望"。荷兰跨文化人权研究中心主任汤姆·茨瓦特(Tom Zwart)教授也应邀致辞,他从事人权法、宪法与行政法领域的研究与实践近三十年,与中国很多大学有合作。他特别强调:"国际人权体系正在经历一段艰难时期,这一概念将会通过改革来拯救国际人权体系,将使一个摇摇欲坠的体系重新焕发生机。"

致辞阶段结束,南开大学人权研究中心主任常健教授等中国学者代表陆续发言,发言从不同的视角,阐述了"构建人类命运共同体"的理论价值及伟大意义。

（4）应对网络上的暴力与极端主义

下午2点,联合国教科文组织主办了"应对包括虚假新闻和仇恨言论的网上激进和暴力极端主义"专题会议(Countering Radicalization and Violent Extremism Online Including Fake News and Hate Speech),会议由联合国教科文组织知识社会部门主管 Indrajit Banerjee 主持。大会发言明显看出两个方向。

一个方向是认为应该对网上极端及暴力言论进行管理。Divina Meigs 女士是报告 *Social Media and Youth Radicalization* 的起草人之一；Dan Shafet 先生,巴黎上诉法庭的律师以及追责与互联网民主协会的创始人,他们两位代表了这一方向。Dan Shafet 先生介绍了网络对于极端主义的影响,以及涉及的相关法律问题和最新的立法政策进展,他还提到现在是一个历史性的时刻,新的媒介法很可能出台,法、德、美等国家也在研究如何应对。

另一个方向显然是更强调言论的自由。Mira Milosovic,媒体发展全球论坛的执行主任,代表媒体立场。她认为新法的提出应当更加谨慎,不实报道与宣传一直存在,相关的规范与行业自律也一直存在。她认为应当从所有权与商业模式的角度考虑这个问题,之所以存在报道失实和煽情的现象,是因为点击率与收益挂钩。她认为应该发展一种模式,新闻的收益与质量而非点击率挂钩。Peter Micek,来自美国的人权组织 Access Now,其组织旨在推动与技术相关的人权事项。他支持 Mira Milosovic 的立场,强调应该保障人权,避免对于人的表达自由与隐私的侵害。

联合国教科文组织近些年一直高度关注这一问题。2015年他们先是出版了《应对网上仇恨言论》(*Countering Online Hate Speech*)的报告,该报告就网上仇恨言论的特性、影响以及国际性及地区性的应对措施进行了较为全面的阐释。报告首先探讨了仇恨言论的定义,根据一些国家与国际性的立法,仇恨言论指的是基于某一特定的社会或种族身份的,能够达到煽动歧视、恶意或暴力的伤害行为。但同时,报告指出仇恨言论的定义应当更广泛,包括侮辱那些拥有权力的政治人物或知名人士。报告认为,有两种方式会使得言论具有"仇恨性":一是针对某些特定的族群的侮辱;二是强化某一个群体的声音,强调他们的权利受到了威胁或侵害。报告最后指出,仇恨言论问题需要一个多方的解决思路。报告指出,除了法律之外,社会和文化方面的非规范性举措也很重要,如教育和批判性思维的方式将有助于减少仇恨言论。

联合国教科文组织还撰写了另外一个报告:《社交媒体与数字时代的青年极端主义》(*Social Media and Youth Radi-calization in Digital Age*),该报告是一个针对世界各国对该话题研究的一个综述报告。报告研究了超过550个公开研究报告,覆盖英文、法文、阿拉伯文。这个报告主要包括三个层面,一是对全球研究的分析,二是对反极端主义的措施及其对言论自由的挑战的分析,最后则是提供了一些建议,并强调社交网络也应当作为一种媒体受到一定的管理。

其实,这个问题非常复杂,关系到人权、法治的核心理念。我就这个问题曾经与很多国内外朋友进行讨论。尤其是法国查理周刊事件发生后,我曾经专门就此进行研究。《查理周刊》是法国的一家讽刺漫画杂志,该周刊经常刊登辛辣大胆的宗教和政治类报道。2015年1月7日,位于巴黎的法国讽刺杂志《查理周刊》总部遭到武装分子袭击,造成12人死亡,另有多人受伤。这一恐怖袭击案件让人痛心。但查理周刊事件是否足以促使我们思考?我认为答案是否定的。最近欧洲恐怖风险在增加,我认为这只是表象,潜在的仇恨与风险更加巨大。我认为法国包括西方在处理查理周刊事件方面存在很多值得反思的地方。这些反思直接关系到当前人类社会如何正确处理言论自由、人权、法治等诸多基本问题。

① 言论自由的边界

查理周刊引发的西方与伊斯兰世界的冲突不是突发事件,其由来已久。即使法国外交部长在原来也曾经表态,在西方与伊斯兰世界关系紧张的背景下,这种火上浇油的方式是否明智、合适?他认为答案是否定的。

联合国《公民权利与政治权利国际公约》第 19 条规定了言论自由:

一、人人有权持有主张,不受干涉。

二、人人有自由发表意见的权利;此项权利包括寻求、接受和传递各种消息和思想的自由,而不论国界,也不论口头的、书写的、印刷的、采取艺术形式的或通过他所选择的任何其他媒介。

三、本条第二款所规定的权利的行使带有特殊的义务和责任,因此得受某些限制,但这些限制只应由法律规定并为下列条件所必需:

(甲)尊重他人的权利或名誉;

(乙)保障国家安全或公共秩序,或公共卫生或道德。

而在第 20 条明确规定:

一、任何鼓吹战争的宣传,应以法律加以禁止。

二、任何鼓吹民族、种族或宗教仇恨的主张,构成煽动歧视、敌视或强暴者,应以法律加以禁止。

简单归纳,首先,思想自由,言论自由;其次,言论自由要受到限制:尊重他人权利或名誉;保障国家安全、公共秩序、公共卫生或道德。但宣扬战争或种族仇恨的言论要受到打击。

西方很多国家就煽动种族、民族仇恨言论,也规定了仇恨犯罪,但这种侮辱伊斯兰宗教群体和个人的言行,却很少受到有效约束。

② 法国在言论自由问题上的双重标准

尽管在法国,民事法律和刑事法律都禁止基于出生地、民族、国籍、种族、特定宗教、性别、性取向和残疾的针对个人或团体的侮辱、诽谤、煽动歧视、仇恨和暴力的交流,不论是公开还是私下。根据 1990 年的立法,还禁止公开美化或拒绝诸如种族大屠杀的犯罪,加拿大和德国也视否定种族大屠杀为犯罪。处罚非常严格,可能判处最高一年徒刑或 45000 欧元罚款。但在实践中,如果是美化纳粹或种族大屠杀,那肯定会受到严厉处罚,但对伊斯兰的歧视、侮辱却非常宽容。《查理周刊》早就饱受争议,亵渎穆罕默德的漫画导致了 2006 年的穆斯林骚乱,2007 年,法国法院驳回穆斯林团体的诉讼,认为并未针对整个穆斯林群体;didn't target Muslims,必须承认,这种局面加深了伊斯兰世界与《查理周刊》乃至西方的仇恨。

查理周刊事件后,法国因明显的双重标准受到批评,54

个人被逮捕,其中包括一名广受非议的喜剧演员。该名演员在查理周刊案发后在脸书上发表了宽恕恐怖分子的言论,他随后删除,在周日大游行后,他写道:"今晚,就像我所关注的,我感觉自己像 Charliecoulibaly",也就是说自己像一个枪手。一个言论自由方面的组织负责人说:"当然,煽动恐怖应该被定罪,但法国走得太远。法国将为恐怖分子辩护的行为定罪,即使没有任何可能或目的导致这种行为发生,这违反了国际法。"这个演员历来受到争议,他因类似向纳粹敬礼的动作而非常出名,过去已经因反犹太主义和不承认种族大屠杀而受到指控,政府给地方施加压力要求禁止他的演出。

袭击发生后,巴黎市长说,袭击事件"是新闻自由这一民主支柱的牺牲",奥巴马认为袭击的是"我们与法国人共享的价值——普遍的对表达自由的信仰"。这些语言是美好的,也是激动人心的,但也是难以解决现实问题的。冠冕堂皇的政治正确掩饰了问题的症结。

③ 美国的宪法第一修正案

美国由于宪法第一修正案,过于强调保障言论自由,仇视犯罪范围很窄,根据 1969 年最高法院的判决,只有直接煽动迫在眉睫的违法活动或者可能煽动或产生这种行为的言论才会被禁止,也就是确定了"明显而即刻"的标准。1969 年的诉讼是三 K 党起诉 ohio,该党负责人在一个集会上鼓励追随者"sent Jews back to Israel","bury"blacks,报复不同情白人的政治家和法官。联邦最高法院驳回对其定罪,因为当时只有成

员和记者在场,也缺乏即时暴力的标准。美国过于强调言论
自由是基于其个人主义的传统,害怕政府审查言论的后果。
在美国,1977 年发生了纳粹党组织的大游行,法院并未禁止。

当然,美国宪法的言论自由也是受时代的影响,其在一
战、二战期间,也专门立法限制反战言论,对反战言论进行
打击。

④ 言论自由引发的穆斯林与西方的冲突

1989 年英国作家萨曼·拉什迪出版一本名为《撒旦诗
篇》的小说,因被认为影射、亵渎先知穆罕默德,遭到伊斯兰
世界强烈反对,伊朗宗教领袖霍梅尼宣布判处拉什迪死刑,并
悬赏数百万美元追杀他,由此导致伊朗与西方冲突加剧。

2003 年 2 月 18 日,拉什迪接受伊朗总统哈梅内伊给他
的台阶,就《撒旦诗篇》作公开道歉:"我认识到世界各地穆斯
林因我的小说出版而忧伤。我对该书出版后给伊朗伊斯兰教
忠实信徒造成的痛苦而深感遗憾。"但是拉什迪的道歉被霍
梅尼拒绝了。霍梅尼重申:"即使拉什迪忏悔并成为虔诚的
人,也不能得到宽恕,每个穆斯林应以自己拥有的任何手段送
他去监狱。"这一声明使英伊之间开始僵冷的外交关系更加
紧张。各西方国家决定采取共同行动,召回各自驻伊朗的使
节"回国磋商",以示抗议,谴责霍梅尼这一违反最基本的国
际法则的行为。联合国秘书长德奎利亚尔也呼吁伊朗取消对
拉什迪的生命和人权的威胁。然而由于霍梅尼的旨意不变,
英伊在拉什迪事件上的分歧未能得到解决,伊朗宣布与英国

断绝外交关系。拉什迪从此过着有警方保护的"地下生活"，每年的保护费高达 160 万美元。

⑤ 仇恨犯罪的发展

"仇恨犯罪"起源于二战以后，主要是针对种族屠杀和清洗，基于种族、民族、性别、国籍、宗教、残疾等故意散布仇视言行。主要是欧洲和北美、南美有这样的犯罪指控。欧盟在 2002 年规定，缔约国必须处罚互联网上的仇视言论。2012 年美国有 7164 个报告的受害者，其中近 50%基于种族，近 20%基于性取向。

2008 年，加拿大有家很有名的杂志被起诉，原因是发表了标题为 the future belong to islam 的文章，文章指出伊斯兰的崛起将威胁西方，腔调充满嘲笑和挖苦。

加拿大最高法院在 1990 年就维持了对一名教师的有罪判决，老师和学生讲，犹太人"贪钱、恋权、奸诈"。最高法院院长在判决中写道："从美国第一宪法修正案中学到了很多"，但是，"国际社会承诺废除一切仇恨宣传，更重要的是，加拿大宪法在保障平等及多元文化方面的特殊作用，决定了其必须要与目前美国那种认为打击仇恨宣传与保障言论自由不可兼容的普遍流行的观点相分离。加拿大的这种态度似乎源于追求社会和谐的愿望。在加拿大言论自由不是绝对的，也不应该是。"

有专家讲，"西方越来越喜欢约束言论自由，美国第一宪法修正案使其不仅区别于加拿大，也区别于其他西方国家。"

很多国家如加拿大都认真研究了美国的方法,但最后都拒绝了。

⑥ 美国对查理周刊事件的反思

根据《联合早报》2015 年 1 月 8 日一篇文章,查理周刊事件发生后,美国主要媒体只是公布了事件,没有具体刊登介绍那些刺激仇恨的漫画。

美国 CNN 报道,画出穆罕默德对伊斯兰教徒来说是一大禁忌。许多美国媒体在报道这起事件、介绍《查理周刊》时,都决定不刊登《查理周刊》的漫画。CNN 就表示,将不会刊登漫画,只会"形容"这些漫画来解说新闻。全球最大的通讯社美联社说,通讯社的管理"不会刊登刻意挑衅的画面"。这包括画出穆罕默德的画面。《纽约时报》也认为,"形容漫画"就足够了,没有刊登漫画的必要。福克斯电视台(Fox News)说它没有刊登穆罕默德画像的打算。美国《洛杉矶时报》报道,对抗伊斯兰恐惧症协会发言人在 2013 年受访时说:"法国的社会良知已经下滑了。这些漫画除了讥讽、贬低、侮辱回教徒之外,还能起到什么样的作用呢?"

有言论指出,如果不断挑衅,肯定就会激起被嘲笑一方的强烈不满,甚至反击。

⑦ 反思

即使自由派,也意识到美国仇恨犯罪的标准太高。但也有人反对,认为邀请希特勒到美国开展一个巡回演讲将是一个好主意。而当前,网上遍布的仇恨犯罪言论已经恶化了与仇视言论斗争的效果。所谓的言论自由增加了戾气、不满和怨恨,逞强好胜的言论受到关注和追随,这只能增加猜忌、怨恨和仇视。解决不了人类面临的任何现实问题。我赞同通过立法保障媒体报道事实真相的权利,否则,过度的限制一定导致各种阴谋和伤害,但对侮辱、诽谤、暴力、极端、仇视等言论要依法限制。

言论自由是个复杂的问题,但遗憾的是,政治正确掩饰了对这个问题严肃认真的讨论,以致哪些要受到保障、哪些要受到限制、如何保障和限制等法律技术问题被忽视,尤其是当前互联网对人类生活影响日益加大的背景下,人们对如何应对这种现实挑战往往表现得纠结和无奈。

9 行走在国际电信联盟和万国宫之间

2017 年 6 月 15 日,周四,联合国人权大会进入第八天。今天大会主要讨论布隆迪和缅甸人权问题。

（1）为所有人的互联网——从对话到行动

　　早晨 7 点我就出发,去参加信息社会世界峰会举办的一个高级别早餐会。早餐会由世界经济论坛执委会成员、全球挑战伙伴计划负责人 Alex Wong 主持,每人对自己做了简短介绍,秘书长赵厚麟先生代表国际电信联盟致辞,早餐会的主题是"为所有人的互联网——从对话到行动"（Internet for all-from dialogue to action）。

　　Internet for all 是在 2015 年由 50 多个私营企业、政府、公民社会等达成的,旨在让 40 亿还没有用上因特网的人用上网络。早餐会上除了有诺基亚这样的老牌科技企业外，还碰到了两位为华为工作的外国人，看到他们很自豪地介绍自己所工作的公司，很为中国企业的国际影响力自豪。会上不仅有人关注网络基础设施的铺设问题，更有人关注互联网的应用效果问题。有人提出，我们谈了太多技术层面上网络的覆盖，却忽视了网络究竟给人们的生活是否带来了积极的改变，除了谈技术外，我们应该重视有效地利用网络而不是使偏远地区的人通过网络只是玩游戏、看视频。

早餐会后，我在国际电信联盟一个大厅休息，一位年轻人过来，非常礼貌地邀请我参加边上角落里的一个宣讲活动。我欣然走过去，现场只有几个人。活动很快开始，台上是两位来自非洲加纳的小伙子。他们在结合视频讲述现代技术是如何使他们接受教育和成长的。原来这是一个基金会的宣传活动，他们致力于帮助贫困地区的学校建立计算机图书馆，以使更多学生有机会接触计算机。

听完宣讲，我从国际电信联盟的办公楼回到联合国会场，两者之间距离很近，走路也就是 10 分钟。发短信与中国扶贫基金会刘文奎秘书长联系，他在会场外面一个休息场所准备发言材料。我走过去找到他，我们一起讨论彼此的工作以及在这里的感受。中国扶贫基金会成立于 1989 年，是国务院扶贫办下属的基金会，但其在 2000 年前后就进行改革，打破传统"官办"体制，取消国家行政事业编制，也不再要行政级别，通过改革创新，探索了一条专业的民间参与扶贫的道路。应该说，其改革的经验对中国当前"官办"社会组织的改革具有重大借鉴价值。我和刘文奎秘书长都意识到了中国社会组织"走出去"的必要性,也希望未来有更多的沟通。

午饭后到院子里散步,见一个年轻小伙子在拍摄树上的孔雀,我们随便聊起来。他是一家关注跨国移民问题的国际非政府组织的项目官员,明天要举行一场关注移民问题的边会。我们讨论了难民问题以及当前的人权状态,明显看出,他很清醒认识到当前国际人权领域存在的问题,也认为当前状态与以往相比不但没有好转,相反更糟糕,也感到沮丧、没有好的办法,也介绍到西方很多人依然对中国的道路持怀疑甚至否定态度,但其实大家对中国了解有限。其实,随着了解的增加,在日内瓦这个全球人权话题的中心,对国际人权发展持沮丧态度的并不少见。

两位非洲小伙举办宣讲活动

（2）让经济贫困的人能够享受到法律服务

下午2点多，我再次返回世界电信联盟，去参加一场世界经济论坛与国际司法桥梁联合举办的专题会议，Alex Wong主持了会议，先后有6位代表上台简短发言，而后大家分组讨论。我参加了"access to justice"的小组讨论，在座的绝大多数都是外行，显然是凭感觉在发言。我简单说，Access to justice意味着要让经济贫困的人能够享受到法律帮助，但任何国家专业的、愿意提供公益法律服务的律师都有限，政府也很难大规模购买服务。本次会议的意义就在于促使我们思考，如何发挥科技的力量，让这些专业公益律师得以提高工作效率，让更多贫困人员能够获得高质量的法律帮助。

会议后去参加了更小范围的高级别晚餐会，30人左右。每人都要再次简短介绍自己，以希望让大家记住。

联合国会场今天上午9点至12点，在项目4下，继续进行布隆迪调查委员会与国家和NGO进行互动式对话。随后，有关缅甸问题特别报告员更新相关问题情况并与国家和NGO进行互动式对话。15点至17点，项目4下，继续有关缅甸问题特别报告员与国家和NGO的互动式对话。随后，进入项目5，联合国人权高专办针对厄立特里亚国进行简单口头报告，并进行一般性辩论。

10 中国举办减贫边会与
联合国雇员罢工

2017 年 6 月 16 日,联合国人权大会进入第九天。

又是一个周五,心情比较轻松。今天人权理事会大会的主要安排是:上午就项目 4 下缅甸等国的人权问题继续进行一般性辩论;下午在项目 5 下,人权高专要就商业与人权问题做报告,随后进行一般性辩论。上午我要去见两家国际组织日内瓦代表处的负责人,就安排其他同事去了大会会场。

(1)拜访国际救助儿童会日内瓦
办事处

上午 9 点,我们赶到国际救助儿童会,去见这个国际组织驻日内瓦办事处的主任 Anita Bay Bundegaard 和副主任 Davinia Ovett Bondi。她们办公室在联合国边上的一座六层楼,从楼门口的标牌可以看出,在这楼里办公的主要是国际非政府组织。后来了解得知,这是日内瓦政府的房产,以很低的价格租给国际组织办公使用。

第一次世界大战以后,1919 年 4 月埃格兰泰恩·杰布(Eglantyne Jebb)建立了英国救助儿童基金(Save the Children Fund),机构成立之初,旨在为德国、奥地利和匈牙利境内的饥饿儿童提供帮助。1920 年初,这个组织发展成为国际救助儿童联盟(International Save the Children Union),其正式发展成为一家有广泛影响力的国际非政府组织。因杰布女士公开散发名为"饥饿的婴儿"的传单,公开谴责英国政府漠视德国儿童营养不良和饥饿,她被伦敦警察逮捕。1923 年,杰布起草了《儿童权利宣言》,1924 年国际联盟通过了该宣言,这个具有历史开创意义的文件后来成为联合国《儿童权利公约》的基础。在第一次世界大战、第二次世界大战期间,救助儿童会在救助战争中困境儿童方面都发挥了重要作用。到现在,国际救助儿童会已经发展成为一家有重大影响力的国际儿童非政府组织,其在全世界拥有 28 个成员组织,在 125 个国家开展工作,在 2015 年其全年经费超过 21 亿美元,仅英国救助儿童会资金预算就达到 5.89 亿美元,美国救助儿童会资金预算达到 6.78 亿美元。

国际救助儿童会很早就在中国设立办事处,其与中国政府部门和司法机关都有良好的合作。境外非政府组织管理法实施后,其也是第一批在国内获得登记的国际组织。我在 2000 年就与其北京办事处有简单合作,所以沟通起来要亲切得多。在讨论过程中有个问题让我印象深刻,她们问,你们的边会与本届联合国人权委员会的哪个决议关系最密切？要推动哪些建议吗？这是一个很有价值的问题，在来日内瓦以前，我想过通过召开反对针对儿童性侵的主题边会，就解决这一问题将来推动联合国人权委员会通过一个专门决议。我意识到大会发言、召开边会与推动联合国决议都应该是目标明确、内在联系的，但这次来日内瓦，只是我们走进联合国的开始，在某种程度上只是试水，所以两次边会与联合国相关决议并没有直接关系。从问这个问题也能看出她们在日内瓦的价值，那就是她们在联合国层面推动相关公约和决议，相关国家的组织推动公约和决议的落实。

（2）走访儿童权利联盟

上午10点，我们准时赶到同一座楼里办公的儿童权利联盟（Child Rights Connect）。尽管其名称没有用 federation 或者 association，但其是真正的儿童权利联盟，是在联合国最有影响的儿童保护国际非政府组织之一。这个机构成立于1983年，在日内瓦按协会注册，当前在全球有84个成员 NGO，Save the Children、Plan International、Defence for Children International 等国际儿童领域的著名社会组织都是其会员。

儿童权利联盟最显著的特点就是对联合国人权机制有着深刻、重要的影响力，其目标就是"通过联合国人权机制实现儿童权利"。在儿童权利公约起草时期就成为代表民间社会的特别工作组,与联合国儿童权利委员会有着紧密联系,过去很多年,其就像该委员会秘书处一样工作,得以把全球各地会员组织的声音传达给联合国儿童权利委员会,并在其决策过程中施加影响。在成就简历中,其坦率介绍道:

第一家在联合国人权公约起草过程中以一个声音进行协调和发声的社会组织集团;

在联合国儿童权利公约及其议定书起草过程中做出了重大贡献;

支持几乎全球各国的儿童权利卫士参与联合国儿童权利委员会;

成功就儿童参与问题推动联合国采纳和实施了工作指导原则;

就第三议定书发起全球倡导,这是联合国首个为了确保国家责任的儿童权利投诉机制;

联合国儿童权利委员会主席说:"儿童权利联盟是委员会一个重要伙伴,他们支持了我们与儿童及其他社会组织的互动,比如帮助我们获得来自实践的第一手信息。在2015年,儿童权利联盟和委员会进一步加强了这种合作,使我们得以使用这些信息与缔约国进行更精准和有效的对话,我们很期待与儿童权利联盟的未来合作。"

在2015年儿童权利联盟启动了一项新的战略以加强主要伙伴与联合国儿童权利委员会的协调。在一次与联合国人权理事会和联合国儿童基金会的非正式活动中,三方不仅就未来合作重点达成协议,还共同承诺未来加强战略沟通。在此基础上,建立了与联合国儿童权利委员会主席的日常工作会议机制。

联合国儿童权利委员会还和联合国儿童基金会与儿童权利联盟共同建立了一个工作组,其是唯一能够直接影响报告机制的社会组织。其资金来源主要是挪威、瑞典、瑞士等西方国家,在其2015年预算中,挪威、瑞典和瑞士三国的资助有46.7万美元,来自丹麦和瑞典的救助儿童会和国际计划资助8.7万美元,两部分相加55万多美元,占到其80万美元年度预算的近70%。

但这个组织最大的特点也是与国际救助儿童会最大的区别,其主要关注联合国相关公约、决议以及活动,在执行层面其主要依靠相对松散的各会员组织。所以在贯彻执行层面,国际救助儿童会显然更有力度、更接地气。很多儿童权利组织之所以愿意加入该联盟,就是希望在国际层面统一发声,以形成更大影响力。我们就是否加入该联盟进行了讨论,她们欢迎我们加入。我表示愿意开展更多交流与合作,以深化了解,我们会认真考虑是否加入该联盟。

(3) 参加中国减贫边会

上午11点半,我们赶到联合国内的中国减贫边会会场。边会由中国民间组织国际交流促进会刘凯阳副秘书长主持,国务院扶贫办信息中心副主任王小林、中国扶贫基金会秘书

长刘文奎、一位来自埃塞俄比亚的社会组织代表和来自国际
美慈组织的代表分别发言。

中促会、中国扶贫基金会联合举办边会

刘文奎秘书长发言铿锵有力,他介绍,自 1989 年基金会
成立以来,累计募集了 36 亿美元资金和物资,惠及了约 2908
万贫困人口。同时,在主要关注国内减贫的同时,近些年也致
力于全球的减贫工作。自 2005 年以来,先后在尼泊尔、厄瓜
多尔等 18 个国家和地区,开展了灾害紧急救援和国际发展援
助行动。截至 2016 年,累计在国际救灾和发展援助方面投入
资金及物资约 1600 万美元,惠及 30 多万人次。目前已经在
埃塞俄比亚、苏丹、缅甸和尼泊尔等 4 个国家设立注册或项目

办公室,开展长期国际援助项目。他分享的两个故事让人印象深刻:

第一个是侯欢,她是基金会美丽乡村项目的受益人。侯欢出生在四川一个农村,2013年的一场地震,将她所在村全部震毁,刚刚新婚的侯欢,面对震毁的房屋,只能外出务工谋求生计。基金会在当地实施了美丽乡村项目,通过"扶贫+旅游"帮助村庄规划与建设,把震毁的村庄乡村建设成旅游景点,并组建农民合作社,开展经营活动,使得村庄能持续实现发展,从而帮助农户持久摆脱贫困。侯欢从外地返回家乡,她当选为合作社理事成员,参加了项目组织的技能培训,从不会电脑的农村妇女,变成了合作社的前台经理,负责物资采购、客源接待、客房管理等工作,个人能力得到提升,事业也得到很好发展。

第二个故事主人公名叫西塞,他是一位埃塞俄比亚小男孩,来自一个单亲家庭。他的母亲靠为别人洗衣服挣钱为生,收入不足以养活三个孩子。西塞经常要空着肚子去上课。自从2015年5月以来,基金会联合埃塞俄比亚母性之本慈善协会,共同启动了"微笑儿童"供餐项目,为2000名公立小学学生提供早餐和午餐。现如今,项目已经扩大到了41所学校,4000名学生从中受益。原来因为饥饿不能在课堂上集中注意力的西塞,通过"微笑儿童"项目,不但提升了学习成绩,得到了健康成长的机会,获得了发展的权利。

埃塞俄比亚母性之本慈善协会总干事黛博拉沃克·迪贝贝女士用大量生动的图片介绍了与中国扶贫基金会等机

构在埃塞俄比亚合作开展"微笑儿童"学校供餐项目的情况。因为贫穷,尽管该国也实行免费上学,但由于没有钱在学校就餐,所以还是导致很多孩子辍学。这一项目为孩子提供免费早餐和中餐,项目受到了当地民众和社区的欢迎。

中国扶贫基金会的合作伙伴、国际美慈组织高级主任亨利·范·伊根先生也做了主题发言,他强调了中国在国际减贫领域是领跑者,中国的经验值得国际社会学习。

(4)联合国罢工

下午 4 点多,突然听到一个让人震惊的消息,因为纽约总部要削减日内瓦这边所有员工收入的 7.5%,所以日内瓦万国宫在下午 3 点到 5 点举行了罢工。罢工期间,人权理事会所有会议被迫暂停。罢工期间,大约有 600 名联合国工作人员聚集在万国宫第 18 号会议室,抗议联合国试图降低日内瓦工作人员 7.5% 的个人薪水,这基本相当于全年减少了一个月的收入。根据员工协调委员会秘书长的说法,可能削减的工资额度在 10000—12000 瑞士法郎之间(约合 7 万至 8.4 万元人民币之间)。

降低联合国日内瓦员工薪水的问题来自 International Civil Service Commission(该委员会由联合国大会任命,主要处理联合国雇员的问题)的一次调查,该调查考察了 8 个联合国驻地的消费水平。调查结果建议,鉴于日内瓦当地的购买能力下降,日内瓦工作人员的工资应当削减7.7%以与纽约工作的员工收入保持一致。

11　到中国驻联合国使团
讲中国法治改革

2017 年 6 月 19 日,周一,联合国人权大会进入第十天。

大会进入最后一周。前两天利用周末休息时间,集中精力准备边会的发言稿及 PPT。今天上午人权理事会大会主要是一般性辩论,下午是有关当代种族主义、种族歧视及仇外心理等问题的特别报告员发言并与国家和 NGO 代表进行互动式对话。

我上午要去拜访一位国际儿童保护领域富有传奇色彩的老先生,下午要去中国使团讲法治改革,所以安排同事去了大会会场。

（1）拜访国际保护儿童联盟的创始人

上午 10 点,应约赶到 Nigel Cantwell 先生的家里。他是早期全球儿童权利的倡导者,是国际保护儿童联盟(Defence for Children，DCI）的创始人，是在国际儿童保护领域一位响当当的前辈。希望通过与他交流，能更好感受儿童权利保护事业的发展历程。

Nigel 先生从前是学习商科的，18 岁时在尼日利亚的一段志愿者经历改变了他的职业生涯。他开始的一份工作是保释官，负责儿童相关工作。在 1979 年他创建了 DCI。当时西欧、北美都还没有儿童权利一说。当谈起儿童权利，人们会想到对抗成年人的权利，如与家长之间、在学校与老师之间和对抗警察的权利。

1979 年是联合国儿童年。当时波兰使团有意推动儿童权利公约的起草。当时人权领域缺乏对儿童的特别关注，儿童领域缺乏人权视角，这种局面限制了儿童权利的发展。Nigel 先生致力于推动两个领域的融合，他积极与两个不同领域的人见面、沟通，最终促成了大家更多的交流与合作。

1983 年的时候成立了专门致力于推动儿童权利公约的 NGO 工作组——也就是现在的 Child Rights Connect 前身。他说，联合国儿童基金会起初对我们的工作并不感兴趣，但从某种意义上来说也提供了支持。在我们的不断游说下，1986 年儿基会终于成为工作组的一员。

NGO 都希望自己的名字是可视的。但工作组的本意是做一件并非一家 NGO 可完成的事。工作组的根本目标是在儿童权利公约的起草中发挥作用，一旦达成，工作组就解散。明确的目标是非常重要的，有了明确的目标才知道在哪方面合作。有些 NGO 现在总谈合作但是没有目标，那合作什么呢?

DCI 在 CRC 起草过程中,在工作组中有很大的贡献,而且考虑到在日后的实施中,还将有持续的工作可做,这便产生了 CRIN,也就是后来的 Child Rights Connect。

1989 年,发生了里程碑意义上的事——儿童权利公约签署了。同时造成了一种有趣的局面——从没有人谈儿童权利到一下子所有的人都在谈儿童权利。与此同时,DCI 丢失了自己"唯一"的地位。1994 年,由于缺乏资金的支持等原因,Nigel 离开了他创建的 DCI。他认为,直到现在,很多人只是套用公约中的内容而已,只是自称为权利视角而已,事实上做的事还是从慈善的角度出发。

我们就国际组织的官僚化、少年司法、最低刑事责任年龄等也都进行了广泛的讨论。不知不觉聊到了快 12 点,他家对面就是一家中餐馆,我邀请他一起吃午饭,他愉快地答应了。老先生已经快 80 岁,但看起来健康活泼。尤其是谈起 20 世纪 80 年代推动儿童权利公约的十几年,他眉飞色舞,他说,那是他人生的黄金时期。

(2) 到使团讲座

下午 4 点到中国驻联合国使团,使团全称是"中国常驻联合国日内瓦办事处和瑞士其他国际组织代表",应邀讲解中国当前的法治改革。没有想到的是,马朝旭大使对讲座非常重视,他在会客厅等待我,我们简短交流,一起到会议厅和大家见面。

马朝旭大使(右二)、参赞江映峰(右一)与佟丽华、詹尉珍(左一)在使馆合影

　　马大使本来还有事,他本来说好听几分钟后就要离开。我完全是脱稿演讲,先是介绍了当前中国法治改革的基本情况,比如,宏观层面主要介绍了党的领导与依法治国的关系;微观层面主要介绍了省级以下法院、检察院人财物由省级统管、司法人员分类管理、法官员额制、司法责任制、国家监察制度改革对刑事诉讼的影响、立案制改革以及行政诉讼法修订对行政诉讼的影响等内容。最后,我也介绍了当前法治改革面临的主要挑战,比如,司法改革后如何有效监督法官、检察官依法公正办案,如何有效发挥宪法所赋予人大的立法及监

督职权等。

马朝旭大使非常认真地听我讲解,中间还不时提出很具体的问题,这表明他对相关问题的关注。时间很快,不知不觉我讲了近一个半小时。讲座结束,进入交流环节。马大使说,我不得不离开了,他给我的讲座以很高评价,并希望我以后经常到日内瓦,更加积极地参与联合国的相关活动,这有助于加强中国与联合国相关机制的沟通与了解。

随后,我与使团现场成员进行了非常务实的交流。外交官常年在外,他们也非常想要了解中国改革的具体进展情况。这种交流是非常必要的,可以让常年外驻的外交官更好地了解国情,有助于树立信心以更好地开展工作。

12 在联合国举办第一场边会：建设一个免于暴力的世界

2017 年 6 月 20 日，周二，联合国人权大会第十一天。

早晨起来，天气不错，到院子里挑选着吃了几颗樱桃，耍弄了几下棍子。很多樱桃已经熟过了，黑紫色，不敢再吃。

今天人权理事会大会主要是就科特迪瓦和刚果民主共和国的人权问题进行互动式对话，还将就技术合作问题召开讨论会。但我的心思已经不在人权理事会的大会场，我更关注的是我们今天要举办的边会。这是我们第一次在联合国这种国际平台举办边会，所以格外重视。

上午没有去联合国会场，就在住处最后修改、熟悉发言的稿子。本次人权理事会期间，非政府组织召开的边会共有 138 场，其中有 10 场是与政府或 UN 机构联合召开的。前面已经介绍，中国民间组织国际交流促进会和中国扶贫基金会就减贫问题组织了一场边会。我们这场将是本届人权理事会期间中国社会组织举办的第二场边会。

（1）如何在联合国申请举办边会?

在联合国人权理事会会议期间,会有各类边会(parallel event 或称 side event)在联合国日内瓦办事处 E 楼和 A 楼会议室举办。边会按照主办单位不同而分为两类:一类是由国家代表团、国际政府间组织、特别机构、联合国高专办或联合国新闻部举办,可能涉及决议的研究和修改,国家代表介绍国内人权情况,人权事务高级专员或特别程序任务负责人介绍相关领域的情况或发布相关报告,联合国新闻部发布信息等;第二类是由国家人权机构或非政府组织举办,会议主题各式各样,可能包括介绍机构情况,介绍某一群体的人权状况,介绍某一国家的人权状况,对人类发展的相关议题发表观点等等。大体来说,边会的时间一般以 1.5 小时居多,也有 1 个小时的。

只有那些拥有联合国咨商地位的社会组织才能够申请举办边会。成功与否的关键是看能否申请到时间。申请表需要填写联系人信息、参加会议的人员名单、会议主题、会议时间、参会人数、是否需要翻译人员以及讨论小组成员等。

一般来说,在每次人权理事会大会开始前两到三个星期,联合国人权委员会网站会开放以供非政府组织申请,网站将在大会正式开始的前几天关闭。正式会议开始后,网站又会重新开放供非政府组织申请。如果房间申请成功,非政府组织联络处会发出确认信息。此时,非政府组织就需要将参会人员的名单、参会时间发送至 hrcaccreditation@ohchr.org,以便联合国日内瓦办公室准备进门证件。这个名单在会议前48 小时必须发送至前述邮箱,否则参会人员会因不能获取临时身份证件而无法进入万国宫。

边会最重要的是能否申请上房间。如何才能成功申请上房间,这里有几个技术问题:第一,申请房间要快。拥有经社理事会咨商地位的组织有四千多家,国家代表团有一百多个,这些机构都有申请不止一次边会的资格,而万国宫内的会议室大约只有二十几个。此时,就看哪个机构能够快速抢到房间。所以,最重要的技术问题是抢房间。通过调研一些有影响力的国际非政府组织发现,在这一点上没有其他技巧,就是哪一机构的电脑快。可以考虑的方式是在开放网络申请之日,安排一个专门人员处理提交房间申请的问题。第二,人权理事会会议后期比会议前期容易申请。一般来说,会议接近尾声,边会越来越少,所以申请会议后期的房间比较容易。当然,在会议后期举办边会的一个问题是参会人员会越来越少,很多非政府组织都已经离开日内瓦回到机构办公地。第三,通过和他人合办来增大申请到的可能性。在申请房间方面,国家代表团的申请和非政府组织的申请不是在一个网络系统里。国家代表团,考虑到外交的关系,申请成功的可能性会更大。

一个成功的边会,可以扩大非政府组织在联合国平台上的影响力,可以被更多的政府机构、国际机构以及非政府组织所了解,进而可以为组织今后的工作或活动提供便利。

在边会上发言

(2) 建设"一个免于暴力的世界"

下午不到2点,我的几位同事和赵越就到了会场进行准备。国际司法桥梁国际合作部主任 Sanjeewa 及他的同事、消除儿童性剥削国际联盟的 Catherine 等人陆续到来。非常高兴的是,同样来自人民大学法学院、现在日内瓦大学法学院读硕士的赵越8位同学也来了。

下午2点30分,以北京致诚农民工法律援助与研究中心的名义举办的建设"一个免于暴力的世界"(A VIOLENCE-FREE WORLD)边会正式开始,这是中国民间社会组织走向联合国的历史性的一步。

在简单介绍了北京致诚农民工法律援助与研究中心后，我首先介绍了我们为什么我们呼吁要建设"一个免于暴力的世界"？我说：

多年以来我关注暴力对人的伤害。我从1999年开始在中国推动儿童权利保障，很多针对儿童的暴力案件非常残忍，让人心碎，我致力于推动消除一切形式针对儿童的暴力；我关注其他暴力伤害案件给个人、家庭及社会所带来的伤害。近些年来，在一个全球联系日益紧密的时代，我发现暴力问题不是减少了，而是变得更加复杂和严峻。这种局面已经影响到我们每个人的生活和工作。以往我来欧洲访问，不会考虑安全问题，但现在我和家人都会非常关注安全问题，联合国人权理事会召开前两天，伦敦再次发生了恐怖袭击事件，这让人震惊。

我想和大家共同聚焦一下当前人类社会的五类严重暴力问题。

第一，针对妇女和儿童的暴力。针对妇女和儿童的暴力最为普遍。根据联合国2015年发布的反对针对妇女暴力的报告，全球35%的妇女在一生中经历过身体暴力或性暴力；根据联合国儿童基金会的介绍，全球每天有16000名儿童死亡，其中每5分钟就有一名儿童死于暴力；全球有5.35亿儿童生活在饱受冲突或灾害影响的国家；四分之一的成年人在儿童时期遭受过身体虐待；大约三分之一13—15岁的儿童在学校经常遭受欺凌；这些伤害和威胁导致了一种可怕的恶性循环,加剧了人类未来的风险和不确定。

第二,自杀和他杀。在全球暴力致死的案件中,56%死于自杀,33%死于他杀,其中90%的死亡发生在中低收入国家。

第三,战争和地区冲突。战争是人类暴力的最极端体现。1914年到1918的第一次世界大战,死伤总数在3000万人以上;仅仅20年后的1939年,第二次世界大战又开始了,二战期间人类死伤超过1个亿。人类吸取战争的教训了吗?没有。二战后的70多年以来,人类社会从来没有一天远离战争。1950年朝鲜战争、1965年越南战争、1991年第一次海湾战争、2001年阿富汗战争、2003年伊拉克战争都导致数以万计的无辜生命丧失。战争摧毁了秩序,带给地区人民无尽的灾难。会不会发生第三次世界大战?会不会有大的战争?战争的风险是增加了还是变小了?在这个核武器越来越普及的时代,一旦发生大国之间的冲突,很可能就引发核战争,就真的可能给人类带来灭顶之灾。

第四,恐怖主义。恐怖主义挑战人类底线,根据相关研究,2015年全球共发生11774起恐怖袭击,造成28300人死亡和35300人受伤。恐怖袭击在全球92个国家发生,其中重点地区达到23个国家。

第五,语言暴力。我们更容易看到这些给人类生命、健康带来直接伤害的暴力,但人类社会最可怕的、也是一直被忽视的是那些语言的暴力。在深入影响人们生活的互联网上，充斥着歧视、侮辱、诽谤、仇恨等暴力语言。暴力的语言就像一把锋利的刀子，不仅给受害个人、民族、种族的心灵带来直接伤害，更刺激了针对生命、身体的更多直接暴力的发生。

如何预防和减少暴力？这是我们每个人都必须面对的现实挑战，也是联合国人权机制必须要担负的责任。

在讲解了我们为什么关注这一主题后，我提出了三点倡议。

各种暴力是国际人权事业面临的最大挑战。我们希望联合国担负起责任，发起一场非暴力合作运动，非暴力合作运动是指我们倡导以一种非暴力但合作的态度来解决当前人类社会所面临的种种暴力现象。为此，我作为来自东方、来自中国北京的一家社会组织，就建设一个免于暴力的世界，提出三点倡议：

第一，人类社会要推广一种自省文化。

人类社会要培育一种自省文化，反省当前人类社会预防和处理暴力机制所存在的问题。

什么是自省文化？所谓自省文化，主要是指联合国、各国政府、私营企业、社会组织，我们每个人，都要思考当前人类社会发展出现了哪些问题、自身还存在哪些不足、应该如何进行改变。

多年来世界流行的文化是批评和指责他人、希望去改变世界和他人，而不是率先反思和改变自己。只有正视自身存在的缺陷和不足，反省自身，才能消弭矛盾；相反，互相指责只能激化矛盾甚至制造新的矛盾。

联合国人权理事会改革以来，世界上暴力问题是好转了还是恶化了？在这一进程中，联合国人权机制发挥了怎样的作用？哪些是经验？哪些是教训？必须要看到，尽管联合国相关人权机制非常努力，但其效果是有限的，很多人对其作用是失望的。为什么出现这种问题？

联合国人权高专 ZeidRaad al-Hussein 在讲话中批评了很多国家，比如他提到，"Two years ago, I touched on a subject which I wish to turn to once again this morning. I am told repeatedly we should not be 'naming and shaming' States"，意思是，"今天早上，我想谈一个我在两年前就谈过的话题。我被多次告知我们不应该'指责和羞辱'国家"。他还提到，"How can they be so foolish?"（他们是多么愚蠢？）他的一个主要观点是，"The shame comes from the actions themselves, the conduct or violations at issue."意思是那些被指责和羞辱的国家是因为他们自己侵犯人权的行动。我赞同 ZeidRaad al-Hussein 高专的这个观点，被指责和羞辱的国家在人权领域存在问题。但问题是，人权高专这种指责是否能够解决问题？如果通过指责和羞辱能够解决所在国家的人权状况，那当然要指责；如果指责和羞辱不仅没有解决问题，反倒加剧了复杂程度，产生了新的矛盾和冲突,那这种指责和羞辱又有什么意义?我们到底是要解决人权问题还是要体现联合国人权机制的伟大?

我呼吁联合国人权机制要有自省的精神。正如某个国家代表发言时提到,为什么很多国家不配合联合国人权机制的工作?背后的原因是什么?我的关注是,联合国人权机制应该倡导一种什么样的精神?是反对、批评、指责还是互相尊重、共同合作?人权机制如何推进问题的解决而不是雪上加霜?如何切实推进建设一个免于暴力的世界?

我认为,联合国人权机制与各个国家之间以及各个国家、公民社会之间的斗争严重削弱了联合国人权机制的作用,限制了其作用的发挥,客观上对推进人权保障事业于事无补。我们期待,联合国人权机制能够凝聚更多积极力量,切实推进人权保障事业的发展。

第二,我们要有勇气改变。

尽管当前暴力现象严重,尽管当前面临种种复杂的挑战,但我们不要失去信心,我们要有勇气改变这种局面,要相信我们能够建设一个免于暴力的世界;我们要有勇气正视我们自身存在的缺陷,积极反思自身的不足。

最大的勇气不是去指责别人,而是深刻地反思自己。指责别人是容易的,反思自己是困难的。只有我们有勇气反思自己了,只有人类社会懂得反思了,人类社会才能真正进步。

我们要有勇气正视当前各种暴力现象的根源。有必要反思暴力的根源是什么。在打击暴力的时候,我们不应该仅仅处理表面的症状,而应该消除导致这种症状的根源。

我们要有勇气改变自己。很多时候,即使发现了我们自身的缺陷,但我们没有勇气改变自己。改变别人是困难的,改变自己是更加困难的。尽管人类物质方面已经极大丰富,但人性中的狭隘、自私、傲慢依然妨碍着人类文明的发展,以致各种极端主义、民族主义、保守主义依旧盛行,我们要有勇气让自己变得更加包容、谦逊、慷慨。

第三,要采取更多务实的行动而非夸夸其谈。

我们要尽快采取各种行动来解决当前的问题。联合国要带头开展更多有效的行动,而非单纯的讨论。

建议联合国人权机制联合联合国儿童基金会、联合国消除对妇女歧视委员会、世界卫生组织等机构,组建一个独立的反暴力专家委员会,委员会成员要有成功解决各种形式暴力问题的实际经验,要就消除各种形式的暴力、建设一个免于暴力的世界进行战略研究。

联合国人权委员会要鼓励各国制定专门的反家庭暴力法,以从根本上有效预防和减少针对妇女和儿童的暴力;鉴于儿童暴力对当前以及人类未来发展的重要性,建议联合国人权委员会鼓励各国成立专门的消除一切形式针对儿童暴力协调委员会及其专家委员会,以切实推进各国儿童在免于暴力的环境下成长。

联合国要尽快出台专门决议,有效打击涉及民族、种族或个人的暴力、仇视、极端言论,在网络空间推动互相尊重、和平友爱的环境。

联合国人权委员会要对当前的战争以及地区冲突等严重侵害人权的做法进行调查,正视这些暴力冲突的原因,提出处理意见和建议,推动化解相关矛盾和冲突,旗帜鲜明地反对国际霸权主义。

联合国反暴力专家委员会鼓励各国政府或社会组织就其反对各种形式暴力的有效法律制度和经验进行申报,经联合国反暴力专家委员会调查评估后,在全球进行宣传推广;委员会每年聚焦一个主题,组织召开一次"建设一个免于暴力的世界"国际峰会,邀请政府、企业和社会组织、媒体参加,评估该领域面临的最新挑战,介绍经过评估和研究的有效制度和经验;这种方法与当前联合国人权机制所采用措施的最大区别是表彰和推广好的经验,培养良好气氛,鼓励各国学习。

每个国家也都要积极行动起来。当前人类社会面临很多共同的挑战。一个国家的动荡也会影响其他国家的安全。要充分意识到,战争以及国家之间的武装冲突只能给人类社会带来巨大灾难,严重破坏人权。要构建一种互相尊重、合作共赢的新型国家关系,要在各个国家内部倡导一种和谐友爱、互相尊重的文化,要采取有效措施反对各个国家内部的各种暴力。

我们每个人也都要担负责任。我们不能将希望只是寄托于联合国和国家,联合国是我们大家的联合国,国家是我们每个公民的国家。我们要积极行动起来,从自身开始反对各种形式的暴力,去为解决国家内部的各种暴力做出积极贡献,去推动联合国在解决各种暴力问题上发挥更加积极的作用,去参与和解决人类社会面临的各种暴力。

只要人类有勇气反思,只要人类有勇气改变自己,只要我们大家都能行动起来去预防和制止暴力,那我们就一定能够建设一个免于暴力的世界。让我们共同发起一场非暴力合作运动,去为我们自己、为我们的孩子建设一个免于暴力的美好世界!

一个中国留学生问:

你能介绍更多中国社会组织在国际层面参与促进社会和谐或者改善暴力状况的信息吗? 比如在 UN 层面,特别是你所在的机构,在有了特别咨商地位后,做了哪些,还能做哪些?

回答:

首先,我认为中国社会组织在参与联合国机制以及国际活动方面并没有很多经验。在 2011 年我所在的这两家社会组织获得联合国特别咨商地位。但坦率地说，在参与联合国机制方面我们也没有经验。这就是我这次为什么带团来参会三周的原因。以往我们来这开会，也就是几天，我们并不了解这个机制到底是怎样运作的，以及我们到底怎样才能有效参与。所以这次我们来三周时间，就是希望深入了解联合国机制，以便在未来好有效参与。

其次，我注意到一个奇怪的现象。中国是一个快速发展的国家。很多人在谈论中国的问题。但是在这里，我意识到，很多外国人，包括联合国人权机制的很多人，其实并不了解中国。很多中国人不了解联合国人权机制，联合国人权机制也并不了解中国。但还有另外一个有意思的现象，我们有兴趣学习、研究联合国人权机制，但（联合国人权机制的）很多人并未意识到他们也需要学习、研究中国。所以，未来如何推动沟通和交流是一个大的挑战。

国际消除儿童性剥削联盟驻日内瓦代表 Catherine 评论：

感谢您在这么重要的历史关头拉近中国社会组织和联合国人权机制的距离。很多问题并不仅是在中国存在，在全世界都存在。我有一些评论和问题。

你谈到自省，这使我想到可持续发展目标。2015 议程第 16 条首次包含了一个非常明确的和平与安全的目标,其中有一个非常明确的目标是取消针对儿童的暴力。所以我想我们社会组织必须共同合作以实现这一具体目标。

联合国十年以前就发布了对全球儿童暴力问题的研究。遗憾的是尽管我们能够看到进步——我能看到的最大进步是这些问题不再隐藏,人们开始公开讨论暴力对儿童心理的伤害以及经济代价。所以我们应该监督各国在实现可持续发展目标中的这项发展。

随后 Catherine 问:

你刚才介绍在你接待第一个农民工案件的时候,你承诺帮助讨要工资并提供了法律帮助—获取正义,这是另外一个问题。对普通受害者来说非常难以获取正义,因为他们并没有侵害他们的人具有的金钱等优势,那些优势经常允许他们破坏法律。获取正义对这些受害者来说是非常困难的。尽管我们在很多国家都有法律,但通常有特权的人能够付钱、绕过法律,受害者往往无可奈何。你怎么通过法律程序帮助那些农民工获得正义?

回答:

首先,我们建立了一个网络,我们推动建立了30多家机构,有180多位律师,很多律师非常专业,大家通过提供咨询和直接办理案件来帮助农民工。其次,我们做了大量实证研究,以案件为基础的实证研究。最后,我们在公共舆论和推动立法政策改革层面为农民工代言。如果你看中国媒体报道,我们有很多谈论农民工的话题。我举一个例子,2008 年全国人大制定了劳动合同法,规定了农民工的很多权利,其中我们也提了很多建议。我们的基本模式是:提供直接法律帮助,开展实证研究,推动法律政策改革。我们希望为农民工建设一个好的环境。

一个美国学生问题:

我的名字叫 Kelly,我是国际司法桥梁的实习生,国际司法桥梁也是一个提供法律服务的 NGO,我们希望在中国申请登记,我们对国际 NGO 在中国运转的文化和挑战有很多困惑。你在中国有与国际 NGO 合作的经验吗?

回答:

我在中国有与国际 NGO 合作的经验。过去多年来,国际 NGO 在推动中国经济社会发展包括公益法律方面都发挥了积极的作用。我们推动法律和政策改革,但我们要推动怎样的法律和政策改革?我们与国际 NGO 沟通与交流,我们了解中国的问题,我们也愿意研究其他国家的经验,其他国家的经验不一定能解决中国的具体问题,但对我们一定有启发,这样我们就可以提出有价值的解决问题的建议。这也是为什么我认为中国本土 NGO 要与国际 NGO 合作的原因之一。我希望,未来中国 NGO 能与国际 NGO 有更多有效的合作。

IBG 国际合作部主任 Sanjeewa 评论和问题:

我是 IBG 国际合作部主任,非常感谢你的演讲。佟先生,你是一位非常勇敢的人,你对联合国人权机制提出了非常大胆的质疑,我希望将来就此能够有非常建设性的辩论。我也非常感谢你提出了很多务实的解决思路。

我们 IBG 的工作是在早期通过获得法律帮助来预防暴力。我们与社会组织和律师合作,以缩小政府与社会需求之间的差距。我认为在司法系统政府介入系统性的、可持续的解决思路是非常重要的。IBG 在 9 个国家有办公室和 43 个国家有项目,我们原来也与中国有良好的合作。

我分享的经验或许不是基于暴力。我们有时往往沉溺于一些坏的习惯,就像吸烟,很难改掉这些习惯。很多国家制定了好的法律,比如预防酷刑,但在执行与法律要求方面有巨大差距。这就是为什么需要类似你这样的机构来弥补这种差距,将法律带给民众,让民众因法律保护而受益。这是一个非常务实的过程,需要我们来介入,那就是法治。

其中一个挑战是法治意识。很多农民和没有文化的人不了解法律,很多国家的中产阶级也缺乏法治意识,他们认为"律师需要了解法律、公众没有必要",我认为提升整个社会的法治意识都是非常重要的。只有农民工了解了他们的权利,他们才会向你们寻求帮助。官员的法治意识也非常重要,很多官员缺乏法治意识。我记得在非洲有次培训活动,很多培训对象是法官和检察官,有个法官过来告诉我,我没有刑事诉讼法的资料,我感觉非常糟糕,让我的员工去复印两份。这里有资源的问题,但更主要是意识问题。所以问题是如何以更和平与合作的方式来提升法治意识。

在很多国家我们都发现政府与公民社会之间围绕法治或人权问题都有一个巨大差距。你介绍了要与政府建立合作关系。就弥补这种差距你有怎样的建议?在政府与社会组织之间如何建立信任的合作关系?

回答:

在我过去近20年的公益法律工作中,我一直强调,我愿意与任何积极的力量合作,这包括政府、其他社会组织、国际NGO等。总的来说,政府是希望做好他们的工作,比如在中国的农民工问题,政府也希望帮助农民工。所以,我们的目标是一致的。问题是在实践中如何合作以实现共同的目标。

我走访过美国的一些社会组织,他们中的大多数都从政府获得资金支持,他们也与政府有着非常建设性的合作关系。当然在美国也有社会组织从来不要政府的资助,比如ACLU,他们主要起诉政府,但这类社会组织只是极少数。

在中国,社会组织是一个新生事物,政府与社会组织都缺乏合作的经验。有的社会组织在国外学到了个别的经验,那就是社会组织就是要与政府斗争。如果社会组织认为自己的使命就是要与政府斗争,那对政府而言如何与你合作?对社会组织本就不了解的政府又怎么可能大力支持其发展?在美国、澳大利亚,我多次与相关社会组织讨论这个问题,他们当中的绝大多数都希望与政府建立建设性的合作关系。所以从出发点上,我希望与政府建立建设性的合作关系。

尽管我们与政府有着良性的合作关系,但是我告诉大家,我们曾经处理过超过200件涉及政府和国有企业的诉讼,我们自己决定是否提起诉讼。对有些案件,我们认为政府没有承担责任,我与律师一起商量,最后决定提起行政诉讼。目标是一致的,那就是通过法治方式维护农民工的权利,在这个目标下,解决问题的方式有时存在差异,甚至要提起行政诉讼。另外,在儿童、农民工等领域,我们的律师是非常专业的,我们的研究也是非常务实的,我们是相关领域的专家,所以很多人会尊重我们的专业判断。专业素养也是我们与政府建立良性关系的一个重要基础。

我希望不论是中国政府还是联合国人权机制都应该是开明的,都是应该愿意听取不同意见的。在中国我总是提各种改革建议,在联合国人权理事会,我也希望本着务实的态度,提些改革建议。我希望联合国人权理事会也能愿意听取不同的意见。

一位外国参会者提问:

我注意到,针对妇女和儿童的暴力与农民工的问题有很大区别:农民工是要向他们的老板讨要工资,很多妇女和儿童没有独立的经济支持,在她们想要追究家庭施暴者以前,她们就要想清楚后果:可能什么也没有改变,她们未来会承受更多的暴力。不仅在中国,在世界上很多地区,妇女和儿童需要家庭的经济支持。那么我们如何解决这一问题?尤其是在中国如何处理这样的问题?

回答:

在很多西方国家,大家讨论的儿童保护更多是指受到父母虐待或忽视的案件。在中国很长时期以来很难处理儿童家庭暴力的案件,即使暴力很严重也很难处理。为什么?原因就是如果警察羁押了父母那么谁来照顾儿童？过去 10 多年在中国我们推动这样的政策改革。我可以告诉大家一个最新消息，2014 年年底，最高法院、最高检察院、公安部和民政部通过了一个最新的政策，那就是监护人侵害儿童权益时如何处理。根据该政策，如果警察羁押了父母，或者法院处罚了父母，这个受到暴力伤害的儿童没有其他亲属照管，那就由政府的民政部门承担责任。这在中国是一个重大的政策变化。在过去两年，中国处理了一些这样的案件。当然新的政策也伴随着新的挑战，未来如何在实践中更好解决类似案件，这是新的挑战。

一位外国参会者提问：

你们是个法律援助与研究中心，你能告诉我们研究是如何帮助了你们的工作？我感觉这在你们的工作中发挥了很大作用。

回答：

是的，我们做很多实证研究。我们办理很多案件，在这些案件基础上开展实证研究。同时，我们还做很多比较研究，我曾经去美国、澳大利亚研究相关法律制度，我们很多同事也去不同国家开展研究。我们单位也有很多国外著名法学院的实习生，这些学生也帮助我们开展比较研究。所以当我们提出改革建议的时候,我们的视野会比较开阔。我们未来依然会非常关注研究工作。

我们的第一场边会顺利结束了。当天下午,我们通过微信公众号发布了两条消息:一是在"致诚公益"微信公众号上发布的《中国民间社会组织在联合国举行边会,呼吁建设一个免于暴力的世界》,另外一条是在"致诚社会组织"微信公众号上发布的《日内瓦:中国律师对联合国人权机制提出批评》。

13 在联合国举办第二场边会：
反对儿童性侵

2017 年 6 月 21 日，周三，联合国人权大会进入第十二天。

人权理事会大会要讨论乌克兰情况，联合国人权高专要针对格鲁吉亚问题做口头报告并由各国政府和非政府组织代表进行一般性辩论。

（1）走访 WHO

我关注的依然是我们自己要举办的边会。昨天召开会议已经有了经验，所以今天要轻松得多。上午去到 WHO 办公楼，见了全球消除针对儿童暴力伙伴计划的一位项目官员，使我对这个项目有了更进一步的了解。她希望我们能够申请成为全球伙伴的一员。但我表示，我关注的不是能否成为国际伙伴这种形式，我关注的是我们能够发挥怎样的作用。我们就未来可能的合作进行了讨论，并希望保持联系。

在 WHO 的办公楼里,有各个国家赠送的一些很有特色的礼物。在一位中国实习生的陪同下,我们到一间小会议室坐了一会儿,据说这间会议室的所有内饰、用品都是韩国政府赠送的,小沙发很精致、坐起来也很舒服。

我还专门去详细看了中国政府赠送的"针灸铜人",这是2017 年 1 月习近平主席访问世界卫生组织总部时赠送的礼物。据说在此铜人身上,准确地刻画出 14 条经脉的定位和在这些经脉线上的 354 个穴位。这个"针灸铜人"代表了中国在传统医学方面的成就和智慧,摆在世界卫生组织的一楼大厅里,非常醒目。

中国政府送给世界卫生组织的"针灸铜人"

中午与 Catherine 见面一起吃饭,吃饭地点很别致,据说很有讲究,服务生都是实习的学生。饭店就在万国宫对面。这个饭店很火爆,必须事先预订。

(2) 消除儿童性侵主题边会

下午 1 点半,我们的第二场主题边会正式开始。这次边会人数明显多于昨天,有些明显是原来我们并不了解的机构。边会主题是:反对儿童性侵。会议首先邀请来自 ECPAT (ending the sexual exploitation of children) 驻日内瓦的代表 Catherine Mbengue 女士发言,她在简单做了自我介绍、播放一个简短宣传片后开始演讲:

在互动环节,国际司法桥梁总裁谢家伦女士发言

多数时候，当我们提到性虐待（sexual abuse），我们必须要明白剥削（exploitation）开始于虐待。这两者之间唯一的区别是当你从纯粹的虐待转至剥削时，会产生利益。我不是想要谈论恐惧。在儿童权利的世界里，即使有一个被性剥削或性虐待的情况也足以让人震惊。

但是，我们所知道的是，儿童易受伤害的可能性正在增加。从视频中你看到，因为当下你可以这么容易地四处游走。当我们四处走动的时候，也许我们是凶手，也许我们不是，但其中某个人绝对是犯罪者，他们正在将魔爪伸向孩子。他们四处走动，并在口袋里有各种各样的玩具，好让他们能够轻易地接近这些孩子。你看到的视频是我们去年组合的媒体库的一部分。在一年半的时间里，大约有61个组织负责整合性剥削问题的数据，或许有些组织就在现场。他们聚集在一起，进行了在旅游和旅游业中对儿童的性剥削的全球研究。从这个世界范围内进行的研究中，我们得到了一些数据。但数据并不是有多少儿童遭受性虐待，而是这些人中间有多少人是正在旅行，有多少人正在卷入其中、试图接近儿童，使儿童更容易受到伤害，还有孩子们在视频中做出哪些回应呢。

有时，当我们试图去起诉这个犯罪者时，他们往往会因为没有证据而逃脱法律的制裁。你们中的一些人可能听说过一起中非共和国儿童性剥削事件，并知道第一次的起诉是在法国进行的。但是，很不幸的是，法院没有足够的证据去起诉或迫使这个对儿童实施了虐待的法国士兵显示自己有罪。这种事情还有很多,并不仅仅是在法国。但正如我所说,一起案件就足够让人震惊。

由于互联网的发达儿童变得更加脆弱。你可以坐在这儿并上网订购一个来自尼泊尔的孩子,可以说通过互联网你获得了接触各类孩子的方式,例如你可以选择孩子头发的颜色和孩子的年龄等。

很多政府正在努力,但不幸的是,这不是那么容易,因为要么是他们所拥有的法律是薄弱的,或者是执行不到位。他们没有足够的资源去进行调查,因而无法获得强有力的证据。

没有国家是幸免的。这种事件发生在欧洲、亚洲和非洲。我们往往认为,拐卖者来自国外。但不幸的是,也有很多国内的人和国外的人互相勾结,他们横跨国家和地区,从农村到城市地区。大多数时候,很多障碍使受害孩子难以被辨识,他们中的一些人没有出生证——"所以他们是不存在的",所以你可以很容易地跨越边界。他们基本上不需要证明你的孩子是你的孩子。非洲一个国家两年前在南非试着去做一些有趣的事情。我不知道你是否听说过出生证明桥(bridge of birth certificates)的事,南非试图提出要求,如果你和未成年人一起旅行,就必须证明你与这个未成年人的关系。

我想给大家介绍一个关于出生证明桥的个人故事。这个制度应该是从 2015 年 7 月开始的,2015 年 7 月是非洲儿童权利和福利宪章 25 周年纪念日。庆祝活动是在南非举办的。当非洲联盟正在庆祝宪章25周年时，当时我14岁的侄女在曼谷，因为ECPAT在那里有一个办公室。那是假期，我把我的侄女带到曼谷，因为我去曼谷后，我就要去南非参加庆祝活动了。这是一个有着非洲血统的年幼孩子会非常希望看到的，因为是关于儿童的权利和福利的宪章25周年纪念日。这对于孩子们是历史性的一天。因此我打算先把我的侄女带到曼谷，然后再去南非。我们去了曼谷，我侄女的肤色与我不一样，她是一个混血小孩。我们的名字也不一样。所以我们基本上看起来一点都不像。我和我的侄女在曼谷。我们入境时，并没有受到任何人的询问。我们住了三个星期，没有人问任何问题。我们离开了曼谷。所以我基本上可以贩卖这个孩子。没有人问，也没人在乎。

但当我们去南非时，却因证书桥而停下来了。我确信当我把我的侄女带到我身边时，她的父母住在新奥尔良，我准备了所有的证明我和她之间关系的文件，材料和证明。他们要求我出示护照，看了我和我侄女的护照。她问"女士，你和这个孩子是什么关系?"我出示了所有的文件。她问我的侄女："小姑娘，你来南非做什么?"她很激动地说："我来庆祝宪章25周年纪念日。"工作人员对她说："欢迎来南非，好好享受吧。"所以，我很高兴，因为至少有人在检查我。这个孩子是和谁来的? 但这种情况没有持续很长时间。旅游与旅游业在非洲非常庞大。因为儿童权利、儿童保护与经济、成本相比，所以南非的这项法律执行中有很多问题,我们希望南非能积极地执行这个法律,也希望其他国家建立这样的制度。

那么对儿童的性剥削都有哪些形式呢?幸运的是,大家都知道,儿童色情并不是儿童色情,而是通过色情对儿童进行性剥削,这是真的。孩子们不是以自己的意愿来参与色情,所以你不能称之为儿童色情。所以,现在联合国代表的名字已经改变了,我们希望有关法律也会对此作出更改。因此,通过旅游和旅游业,在网上进行性剥削的目的是通过贩卖儿童的性虐待图像,通过卖淫进行儿童性虐待。对儿童的性剥削是一种犯罪。这也是一个人权问题。这也是违反人权的行为。如果您查看数据,您将意识到您无法凭一己之力来解决问题,必须要与他人合作。因为有时凶手是来自外国,所以我们真的非常需要这个合作。

不幸的是,我们面临很多挑战。其中之一是缺乏意识,很多人假装这些问题在自己的国家是不存在的,或者他们真的不知道这是一个问题。另外,缺乏资源也是大问题。正如我所说,不一致的立法要么存在但未被运用,或者说是非常薄弱,还是不足以解决法律具体实施的问题,因为在很多地方资源不足。

好的消息是,我们有了一个新的发展目标,一个新的议程。我们制定了与保护儿童免遭暴力有关的目标。我们真的要抓住这个给我们的历史时刻。这是我们打击暴力侵害儿童行为的具体目标。联合国可持续发展目标的

16.1 或 16.2。

2016 年发生了很多让人振奋的事情。现在我们已经有了一个全球议程——消除针对儿童暴力的全球运动,他们甚至为此有了资金支持,很多国家已经参与其中,为此还制定了 7 大战略,我们非常欢迎中国社会组织的参与,我们希望将来能与北京青少年法律援助与研究中心能够有更多合作。

在 Catherine Mbengue 讲完以后,我开始发言。我先简单介绍了北京青少年法律援助与研究中心的情况,而后开始介绍我们为什么要在联合国讨论这个话题。我说:

为什么要在这次边会中重点关注这个话题?对于儿童权利来说这是一个全球性的难题,在中国我们也非常关心这个问题。我想介绍一些国际上的基本数据。

根据世界卫生组织 2016 年的数据,5 名女性中的 1 个和 13 名男子中的 1 个都被报告在童年遭受性虐待。

根据消除针对儿童暴力项目的数据,估计有 1.2 亿女孩和 7300 万男孩是性暴力的受害者。

例如,根据国际劳工组织的数据,约有 550 万名儿童被贩运到世界各地为用于卖淫、色情、性旅游、强迫婚姻、血汗工厂工作、乞讨、移民农业或其他武装的服务。

根据欧盟委员会的数据,约有 100 万儿童性虐待图像在线,每年增加了 50000 个新的虐儿图像。报告中超过 70% 的图像是针对 10 岁以下的儿童。

近年来,我们非常关注这一问题。中国制定了一些新的法律和政策来解决这个问题。去年,全国人民代表大会修改了刑法,制定了刑法修正案(九),废除了原来一个叫嫖宿幼女的罪名,明确规定强制猥亵满 14 岁的男童也构成犯罪,2013 年中国的最高人民法院、最高人民检察院、公安部、司法部还专门就如何办理未成年人性侵案件发布了一个政策。为了落实这些政策,中国也组织了很多培训,其中 2014 年最高法院牵头组织了一场培训,那次参加培训的法官就有 400 多人,还有检察官、律师参加了培训。目的就是要让更多司法人员可以更好办理这些案件,保护受侵害儿童的权利。

在如何预防和处理儿童性侵案件方面,当前面临很多挑战。

第一个挑战是互联网带来的挑战。互联网技术的发展导致儿童性虐待的图像在网络上传播,罪犯可以很容易地访问、分享和交易儿童性虐待资料。图片可以在一个国家拍摄并上传,并提供给世界各地的任何人。罪犯可以在不为父母知晓的情况下直接与儿童接触。所以因为互联网,成人更容易对儿童实施性虐待。

第二个挑战是发现很困难。孩子相比陌生人,更容易被父母、亲戚或相熟的人实施性侵。性侵是公认最少被报告的罪行。大多数性犯罪从未引起司法机关的注意。这类案件一个鲜明的特点是,要么一个案件持续很长时间,要么一个案件中有很多的受害者。我经常想如果犯罪人只侵犯了受害者一次,那么这个案件怎样会被发现呢?

第三个挑战是举证标准。儿童性侵案件往往是发生后很长时间才报告,很多证据遗失了。在刑事诉讼中,法官必须平衡被告的权利和受害者的权利,对定罪的证据标准要求非常高。去年,我们处理了一起案件。我们的律师、检察官都认为这个人犯了猥亵儿童罪,但鉴于证据有瑕疵,法官对检察官说:我希望你们撤回起诉。我们代理受害人。律师向我汇报了这个案子,但我说,"我理解法官的态度"。对于法官来说,他们需要足够的证据。否则,即使法官关心这个案件,关心那个受到侵害的孩子,但如果证据不充分,他也不能惩罚那个人。最后检察官不得不撤诉。所以,今后要把重点放在如何改善、特别是培训警方的调查取证上,当然我们也要研究这类案件证据的特点。

第四个挑战是保护人权。例如在美国,他们有性犯罪者登记和通知制度。也就是说,如果你犯了性侵儿童案件,当你从监狱出来的时候,你必须在当地社区注册。有些人也批评这个制度,认为违法者难以回归正常的生活,因为大多数人都知道这个人是坏人,所以性侵者很难回归社会。2010年在韩国,他们通过了新的法律来实施一个新的制度:化学阉割。在另外一些国家也有这个制度。那么这些制度的成效怎样? 能在全球推广吗?

第五个挑战是二次伤害。因为警方、检察官和法官往往没有办理这些案件的经验。他们多次询问受害者，警方多次询问，检察官继续询问。受害者不得不多次回忆那痛苦的经历，这是非常艰难的。另外，在办理过程中，对受害者隐私和名誉保护得也不够，公众也很容易知道受害者是谁。在实践中如何保护受害者的权利也是一个很大的挑战。

在如何预防和办理儿童性侵案件上，我们面临很多挑战。这不仅是在中国面临的挑战，我就此与很多国家的专家有过交流，这是在很多国家都面临的挑战。所以这需要我们在国际上有更多的合作，来全面应对这种挑战。我想就此提出一些建议。

建议1，每个国家都应该建立一个反儿童性侵委员会，来协调立法、政策和相关执行问题。其职责可以包括：向立法机关提出修改和完善相关法律的建议；监督相关法律的实施；协调有关部门开展相关预防和处理工作；接受对有关部门渎职行为的投诉、举报，进行调查和处理；宣传相关法律政策；进行表彰和奖励。国家反儿童性侵专家委员会可以由立法机关、司法机关和政府相关部门成员组成。

建议2，每个国家都应该建立一个反儿童性侵专家委员会，成员由长期研究本国及国际反儿童性侵的专家和社会组织组成，其主要职责是开展国内以及国际相关法律政策研究，作为第三方监督相关法律政策的落实，向国家反儿童性侵委员会提出修改法律和政策的意见和建议。

建议3,联合国要建立反儿童性侵专家委员会,由联合国相关专家及非政府组织成员组成,主要负责协调相关国际法律和政策的制定及修改,推动各个国家开展反儿童性侵相关工作。联合国反儿童性侵专家委员会还可开展以下工作:鼓励各国反儿童性侵委员会或者其专家委员会就其预防和处理反儿童性侵的有效法律制度和经验进行申报,经联合国反儿童性侵专家委员会调查评估后,在全球进行宣传推广;每年召开一次预防和处理儿童性侵案件国际峰会,邀请政府、企业和社会组织、媒体参加,评估面临的最新挑战,介绍经过评估和研究的有效制度和经验。比如化学阉割和登记通知的制度,一些国家在这样做,有哪些经验和教训?是否值得推广?我相信在许多国家有很多不同的经验,我们需要沟通交流。如果联合国专家委员会可以设立这个平台,立法者、政府官员、我们这些有机会参与国家立法的人,每年都可以坐在一起,交流一些好的经验,在本国推广相关的经验。如果每年联合国平台能够推广几种好的经验,各个国家也愿意借鉴,那么多年以后,就能实实在在推进这个领域问题的解决。遗憾的是,到目前为止,我们缺乏这样的平台。这种方法与当前联合国人权机制所采用措施的最大区别是表彰和推广好的经验,培养良好气氛,鼓励各国学习,这样总比好多人聚在这里互相指责要好。

来自国际司法桥梁总裁的评论：

我是国际司法桥梁的总裁 Karen，首先，我要感谢你的发言，我觉得每当你说话的时候，都给我们一个"我们可以做某事"和"我们必须要做某事"的感觉。国际司法桥梁非常熟悉北京青少年法律援助和研究中心的非凡工作，并感谢你的介绍。你今天的演讲也强调了更多中国非政府组织参与联合国的必要性。昨天和今天这两个边会的成功举办表明了全球合作的重要性。最后，你给了我们你对全球框架的看法，以及我们如何真正地共同推动相关问题的解决，你帮助我们深切地感受到，来自中国这样的国家经验的重要性，我们可以看一下如何共享这些经验以及如何共同展望未来。感谢你之前关于个人经验的介绍，我们中的很多人都是从一个与你的个人故事有关的视角来了解你的演讲。

一位学生的提问：

大家好，我是日内瓦大学的学生，这个问题是问佟丽华先生的，很高兴有机会参加这次边会。我有一个问题，我在想自己，我很幸运，因为我小时候不是所谓的性侵的受害者，但是我必须坦白，我在 15 岁前从来没听说过这个词，所以我觉得如果童年时是受害者，我可能不会勇敢地谈论我的情况，因为如果我没有得到适当的教育，我不会看到它是一个问题。所以我认为在中国,对儿童的教育是不够的。作为非政府组织的领导者,你是否与教育部门有联系?你可以推动针对未来一代儿童的教育吗?

回答:

　　首先,现在在中国,有一个非常有名的项目叫女童保护,这是一个由一些非常优秀的年轻记者发起的项目,他们有很多志愿者去不同的地区和村庄,他们也与一些地方的教育部门合作来推广这个项目。其次,我们也举办了很多关于这个话题的培训课程,我们针对学校负责人、老师和学生开展培训。另外,中国政府也越来越重视这个问题,教育部邀请我们在研究如何更好地保护中小学校的学生权益,其中反对儿童性侵也是其中的重要内容。最后,现在中国的媒体也越来越多地讨论这个问题。希望未来,越来越多的小孩能够明白风险是什么,怎样才能更好保护自己。

　　很有意思的一天。两场边会下来,基本找到了在联合国召开边会的感觉。这是一个讨论人类问题的宝贵平台。遗憾的是,原来中国社会组织受到国情、视野、能力等各种因素的制约,没有能够有效利用这个平台。尽管国家对社会组织"走出去"越来越重视,但如何更好利用这个平台,我们还面临着很多现实的挑战。

（3）与人大法学院几位学生的
简单交流

今天人大法学院的几位学生再次来参加会议。边会结束后，我与她们进行了简单的交流。人大法学院高度重视培养学生的国际视野，这个项目是人大法学院与日内瓦大学法学院的合作项目，国家留学基金委提供资金支持，目的也是希望培养更多学生将来参与国际组织的相关工作。但客观地说，尽管她们在日内瓦大学学习，日内瓦也遍布着联合国等国际组织，但还是缺乏到国际组织实习实践以及参与国际活动的机会。

日本政府 1974 年就开始实施"初级专业人才派遣计划"（简称 JPO 派遣计划）。该计划由日本外务省国际机构人事中心负责实施，目的是帮助有意在国际机构工作的年轻人积累必要的知识和经验，为他们顺利成为国际机构的正式职员创造条件。该计划每年招募 35 岁以下的年轻人，经过选拔由国家向适当的国际组织推荐，工作为期两年，工资由日本负担。据统计，经过 JPO 派遣计划派出的人员，50%—70% 会被国际组织正式录用，目前在国际机构任职的日本人中，超过四成是通过该计划走出去的。该计划涵盖的国际组织非常广泛，包括联合国秘书处、联合国儿童基金会、联合国教科文组织、联合国难民署、联合国开发计划署、国际劳工组织、国际原子能机构、世界卫生组织、联合国粮农组织、联合国工业发展组织、联合国人口基金会、世界知识产权组织、国际电信联盟等。更为难得的是,日本政府会帮助国际机构雇员构建人脉网络,向他们提供后续发展机会。所以,JPO 派遣计划并不仅仅是一个为期两年的工作机会,更是一个长期发展的人脉体系与激励机制。

近些年来,国家越来越重视培养适合到国际组织工作的年轻人,北京外国语大学还专门建立了国际组织学院。这是好的现象,但这远远不够。政府应该借鉴类似日本 JPO 的项目,建立一套长期的机制,培养更多优秀年轻人到联合国等国际组织工作;政府以及"走出去"的社会组织,也应该创造更多机会让学生参与,培养他们实际参与的能力。更多中国年轻人有了开阔的国际视野以及参与全球治理的能力,中国就能够为构建人类命运共同体作出更大的贡献。

14 关于中国所提发展权决议草案的争议

2017年6月22日,周四,联合国人权大会进入第十三天。

万国宫院内各国国旗前合影

今天天气非常热,早晨的阳光就已经非常强烈。满树的樱桃颜色基本变黑了。从青涩到鲜红再到现在的黑色,仅仅两周多,这就是樱桃短暂的生命周期。很多黑色的樱桃自然掉落到地下,让人看着可惜。

今天人权理事会的议程主要是各国政府代表就各种决议草案和修正案进行表决。对非政府组织而言,更多只是观察和了解。

因快要回国,我要抓紧时间再走访一些机构。

(1)走访国际计划和国际儿童村日内瓦办事处

上午 10 点赶到国际计划日内瓦办事处的办公室,与其驻日内瓦代表进行沟通。国际计划在 1937 年由英国记者 John Langdon-Davies 和难民工作者 Eric Muggeridge 创立,最初目标是为西班牙内战中生活受到破坏的儿童提供食宿和教育。现在已经发展成为在 70 多个国家开展活动的有广泛影响力的国际非政府组织,其致力于保障儿童权利尤其是女童的平等。2016 年该组织全球预算超过 8.1 亿欧元。

国际计划的目标是倡导儿童权利和女童平等,其开展的活动主要概括为 Learn,Lead,Decide 以及 Thrive。Learn,主要指获得同等教育的权利及获得相关的技能,包括找到工作的问题;Lead,主要指参与权,right to be heard,要让儿童和青年的声音被社会听到；Decide，主要指儿童自己做决定的权利；Thrive，主要指儿童早期教育，儿童免受暴力侵害。

国际计划总部设在伦敦，但其是一个美国NGO，因此受到美国法的规制。其在全球有四个区域办公室，分别设在泰国曼谷，肯尼亚内罗毕，塞内加尔的达喀尔以及拉丁美洲。另外，机构在纽约、布鲁塞尔、日内瓦、亚德斯亚贝巴有四个做倡导的办公室，分别针对的是联合国大会、欧盟、联合国人权理事会和非盟。

日内瓦办公室是一个分支机构，它的法人在瑞士苏黎世，在日内瓦开设的是苏黎世的分支机构。日内瓦办公室的功能是影响联合国，包括参与CRC和CEDAW机制（儿童权利公约以及消除对妇女一切形式歧视公约下的机制），参与到儿童特别报告员的机制中，并推动联合国儿童权利公约在各个国家的落实。

我问到，为什么国际计划这样大的国际儿童保护组织，还是愿意加入Child Rights Connect？愿意成为其一个成员？回答说，Child Rights Connect长期致力于与联合国儿童权利委员会的合作，其与联合国儿童权利委员会等UN组织有深度合作，加入其网络，有助于深入参与联合国进程。当然其也是该网络的理事会成员，这意味着其在该网络中也有重要话语权。

我问到国际计划与Save the Children有什么区别时，她介绍，尽管国际计划也致力于全部儿童保护，但其偏重于保护女童。另外，国际计划已经在积累一定经验的基础上，正式将工作对象延展到 24 岁,也就是包括不满 25 岁的青年人。

上午 11 点,在同一座楼里与 SOS 国际儿童村的驻日内瓦代表沟通。这是近段时间在儿童领域见到的唯一一位男士。

(2)走访国际司法桥梁总部

中午 12 点半,赶到国际司法桥梁(IBG)的办公室,办公室邻近日内瓦湖,很紧凑。国际司法桥梁(International Bridges to Justice)长期致力于保障犯罪嫌疑人、被告人的权利,希望每个犯罪嫌疑人、被告人都能获得律师的帮助,以使其获得公正的审判。这个机构由谢家伦女士创建,支持者主要是律师、法学教授、对司法改革和法律援助等问题感兴趣的商界领导人。

国际司法桥梁早期与中国司法部法律援助中心、北京大学法学院等都有合作,近些年与中国的合作显著减少。

(3)拜访联合国驻日内瓦负责社会 组织工作的负责人

下午 4 点半去见联合国驻日内瓦办事处负责社会组织相关工作的一位女士。该办公室主要有三名工作人员,目前还有两位实习生。主要的工作包括：

① 为那些希望了解咨商地位的社会组织提供信息和建议。

② 为 NGO 提供 accreditation.也就是短期或者长期的进门卡,就这部分工作,办公室有一个人专门负责处理这一事务。

③ 协助 NGO 组织 events。这种 events 不只是大会期间组织各种边会,也可能是其他时间,而且这种 events 的时间最长可达一个星期。这个方面,比较重要的是安排会议室,因为有些会议室是长期被国家代表团预定的,所以就要在有限的会议室资源中做出安排。

④ 为 UNOG 的总干事(Director General)准备演讲稿。这个总干事是联合国秘书处任命,负责处理联合国日内瓦办公室的各类活动,和联合国高专办并不相关。有些时候,UN驻日内瓦总干事可能需要向 NGO 做出发言,或者受到非政府组织的邀请参加会议并发表演说,所以就需要演讲稿。

在日内瓦,联合国系统内的机构实体大约有 40 个左右,该联络处可以提供相关的联系方式。如果社会组织想要与这些机构建立联系,他们也可以帮助联系;如要要了解联合国人权高专办的相关机制和问题,建议和对方直接建立起联系。

房间很热,没有空调,只有一个小电扇。我们聊到这个问题。她说,没有办法,楼太老,装不了空调,只能用电扇。但电扇一开,桌子上的纸吹得到处飞,所以一般也不用。好在特别热的时间也短,忍忍就过去了。

我问了一个战略性的问题,我说,当前中国所缴纳的联合国会费逐年在增加,中国普通人中有些讨论,联合国有什么作用?为什么中国要缴纳那么多会费?她说,这是政府做的决定。我理解联合国会费的缴纳原则,但其实我关注的是联合国雇员对联合国作用的认识以及是否有着忧患意识。如果世界各国人民对其作用都不了解,如果联合国日益脱离人民群众,那其必将面临更多挑战。

(4)关于发展权的持续争论

下午3点多,马朝旭大使代表中国政府对"发展对享有所有人权的贡献"决议作发言,他指出:

> 主席先生,我很荣幸能代表共同提案国,介绍l.33决议草案,该决议题为"发展对享有所有人权的贡献"。发展是人类社会永恒的主题,唯有发展才能更好地保障人们的基本权利。当前全球发展还很不平衡,贫困、饥饿尚未根除,对各国人民享有人权构成重大障碍。如何推进可持续发展,让发展惠及全人类,确保人人享有人权,过上有尊严的生活,不让一个人掉队,是国际社会面临的共同课题。
>
> 主席先生,l.33决议草案,旨在确定发展对享有所有人权的重大贡献,呼吁各国实现以人民为中心的发展,在

人民中寻找发展动力,依靠人民,推动发展,使发展造福人。呼吁各国全力推进可持续发展,特别是落实 2030 年可持续发展议程,促进全面享有人权。决议草案还欢迎各国进一步推进发展倡议,建立伙伴关系,实现合作共赢和共同发展,明确构建人类命运共同体,是国际社会的共同愿望。决议草案重申所有人权是普遍、不可分割、相互依存和相互联系的。人权的发展与发展的自由相互依存、相辅相成。

主席先生,中方感谢各国参与 1.33 决议草案的磋商,提出建设性的意见和建议,中方始终本着建设性、开放的态度,广泛征求意见,在不改变决议草案初衷和重点的基础上,吸纳了大多数的修改意见,根据一些国家的建议,我们对决议草案作了最新的调整,并将通过秘书处散发口头修正案文。我们相信,目前的决议草案全面、平衡,充分地反映了各方的主张和观点。衷心希望各个成员国支持已经修正的 1.33 决议草案。

谢谢主席先生!

委内瑞拉代表发言摘编:

委内瑞拉感谢中国代表团提交这个决议文本,我们将全面支持这个倡议。本决议与联合国宣言中关于发展权的原则完全一致。委内瑞拉认为,批准 2030 可持续发展目标意味着要构建一种国际合作机制,清除影响国家发展的一切障碍。我们也必须确认发展对享有所有人权的特别贡献。

我们赞同本决议中的要求，因为我们认为，我们要更加努力，依据 2030 发展目标实现可持续发展，直到我们保障享有了所有人权。我们要为全面享有发展权而不懈奋斗。发展权将引领我们建设一个公正、自由、法治的社会。我们需要克服国际体系的不平衡，只有这样，我们才能实现国家之间的平等，才能在国际集体决策中做出平等的贡献。

古巴代表发言摘编：

我们感谢中国代表团提出这个决议草案，这个草案只是强调了国际社会广泛承认的因果联系，那就是发展对个人享有全面人权的特别贡献，不承认这点证明了对推动和保障人权缺乏政治意愿。那些不愿意承认这点的一般都是那些不愿意承认发展权、国际团结与和平的人，也是那些人不赞同理事会讨论推动建立民主和公平的国际秩序、外债的影响和对人权有负面影响的措施。

埃及代表发言摘编：

很多国际文书已经确认发展权是人普遍的、不可分割的权利。然而，发展权仍旧没能全面、真正实现。我们很遗憾有些国家既不承认也不支持发展作为一项基本人权,他们沿袭一种选择性的路径来支持那些符合他们政治议程的权利而忽视其他权利,这与他们倡导的人权不可分割性形成矛盾,也否定了他们的国际承诺。

当前发展作为一项人权和发展权不应再受到质疑,它是当前所有工作面临的挑战,实现这项权利比以往更加重要。2030 可持续发展目标及其 2017 年目标和 169 项具体目标将发展权放到中心和首要位置,各国政府承诺全面落实该议程以不使任何一个人落下。总的说,我们鼓励理事会的各成员支持这项决议,以使其成为共识。

美国代表:

美国呼吁就此决议进行投票,美国将投反对票。我们承认发展能够有助于享有人权,但所有发展,包括可持续发展,都需要尊重人权。我们反对所有发展目标可能允许国家脱离他们人权义务和承诺的建议。基于此,我们继续鼓励所有国家,不论处于何种发展水平,都要切实履行人权义务与承诺。我们注意到本决议承认与人权和发展相关的国际文件,比如维也纳宣言和 VDPA 行动项目。

然而,我们很遗憾,本决议以一种选择性和不平衡的方式引用这些国际文件,以致忽略了全面解释人权与发展关系的核心语言,或者说改变了共识语言从而改变了其意义。美国和其他一些国家在本决议磋商过程中本着良好目的希望恢复核心语言或意义。提案国为应对这种关切只做了简单修改,远未实现平衡。

其中一个例子,前言第五段是从 VDPA 第 1 部分第 8 段引用而来,但省略了关键的词"民主",无益地将"尊重人权"改为"实现人权";其次,行动条款 1 是从 VDPA 第 1 部分第 10 段选择性提炼而来,其忽略了关键的关于起源的语言,发展不足并不能成为限制人权合理化的理由。我们承认提案国为了解决这种关切在序言部分增加了一段,但其却反复拒绝多个国家提出的使用共识语言的建议。现在,提案国已经修改了文本,删除了序言的那个段落,行动段落 1 保留了 VDPA 段落 10 语言的一部分,这完全改变了其意义。这些和其他扭曲了的共识语言强化了一种不准确的信息,那就是发展是实现国家人权义务的先决条件,这种信息与国家在 VDPA 中的承诺明显不相吻合。

作为美国驻联合国的大使,Nikki Haley 女士在开幕致辞时告诉理事会,"理事会必须保障其重点是致力于推动,保障和尊重人权"。遗憾的是,本决议却试图以脱离会员国采纳的共识文本的方式重构人权与发展的关系,我们呼吁所有代表团反对这个决议,投票反对。

德国代表欧盟发言:

很荣幸代表欧盟和其成员国发言，欧盟强烈致力于推动尊重、保障和实现所有人权和基本自由，实现可持续发展和消除贫困，为实现安全、预防冲突、实现法治、善治、性别平等、问责与全球平等而努力工作。这些原则在欧盟成立时的公约、其全球战略和一系列战略文件如最近通过的关于发展的欧盟共识中都有体现。欧盟及其成员国，作为世界上最大的官方的发展帮助提供国，关注到发展与人权是互相联系、互相加强与互补的。

我们希望突出国际社会普遍认可的文件，比如维也纳宣言，VDPA 和 2030 可持续发展目标的完整性和准确性。因此我们关切由中国提出的本决议可能导致发展凌驾于人权之上。欧盟提倡的是权利本位的发展路径，其包括所有人权。一方面是人权、民主、法治和善治，另一方面是包容与可持续增长。这是我们发展政策的两个基本的、互相加强的支柱。就像维也纳宣言第 10 条所阐述的，发展促进了享有人权。

然而，发展不足并不能成为限制人权合理化的理由。我们强调没有对人权的尊重和保障就不能实现可持续发展。我们权利本位的发展模式不仅能够提升享有人权，而且能够有助于改善发展成果的质量和有效性。这种模式以人权原则和标准为前提，其不仅是可持续性和包容性发展的手段，同时也是一种目标。以权利为本位的发展合作是基于人权，包容原则，在决策进程中的参与，互相依赖，互相关联，非歧视，平等，透明与问责的普遍性及不可分割性。这些原则是欧盟发展合作的中心,我们将保持对最贫穷者赋权的承诺,我们已经就这些问题构建共识与中国开展了一些小规模的、非正式的会谈,我们欢迎中国的参与,但遗憾的是,我们的主要关切,特别是选择性引用国际文书和将发展进程置于人权之上,没有得到解决,因此我们不会支持本决议。

从上述发言可以明显看出,欧美国家与绝大多数发展中国家在发展与人权的关系上存在着明显的冲突。中国等发展中国家坚持认为发展是一种基本的人权,发展权影响甚至决定着其他很多权利的实现程度。但欧美国家强调的是发展必须以保障人权为基础,尤其是美国,2013 年 9 月,联合国人权理事会第 24 次会议通过"发展权"决议,只有美国投了反对票。

1943 年美国心理学家马斯洛提出需求层次的理论,他把需求分成生理需求(*Physiological needs*)、安全需求(*Safety needs*)、爱和归属感(*Love and belonging*)、尊重(Esteem)和自我实现(*Self-actualization*)五类,只有较低层次需求被满足后,人类才追求较高层次的需求。在衣不蔽体、食不果腹的情况下,人们会更关注生理需求;在满足了衣食住行等基本需求后,人们会首先关注安全需求。马斯洛的需求理论反映了基本的人性,是绝大多数人满足需求的基本路径。当然,也确实存在一些人,为了追求更高层次的需求,比如爱情、自由、尊重等,宁愿牺牲生命等基本生理或安全需求。尤其是二战以后,西方社会已经满足了基本的生理和安全需求,整个社会更关注爱和归属、尊重和自我实现这些较高层次的需求,所以对很多发展中国家为了满足人民生理和安全这些基本需求的发展权存有疑虑甚至反对。

最后投票,30 个国家支持,13 个国家反对,3 个国家弃权,"发展对享有所有人权的贡献"决议在联合国人权理事会上获得通过。

在 6 月 8 日第一次就"人道主义下的童婚、早婚和强迫婚姻"举行了国家间的非正式磋商,随后在 6 月 12 日、13 日、14 日又举行过三次磋商,最后形成了决议草案。塞拉利昂和荷兰联合其他倡议国家于 6 月 15 日将修改后的决议草案(A/HRC/35/L.26)提交人权理事会表决。6 月 22 日,这一决议草案在没有国家提出异议的情况下被通过,形成了联合国人权理事会第 16 号决议(A/HRC/35/16)。

对"保护家庭:在支持保护和促进老年人人权进程中家庭的作用"的决议经过表决获得通过,30 个国家投票支持,分别是孟加拉共和国、玻利维亚、博茨瓦纳、布隆迪、中国、刚果、科特迪瓦、古巴、厄瓜多尔、埃及、萨尔瓦多、加纳、埃塞俄比亚、印度、印度尼西亚、伊拉克、肯尼亚、吉尔吉斯斯坦、蒙古、尼日利亚、菲律宾、巴拉圭、卡塔尔、卢旺达、沙特阿拉伯、南非、阿拉伯联合酋长国、多哥、委内瑞拉、突尼斯;12 个国家投票反对,分别是比利时、克罗地亚、阿尔巴尼亚、德国、日本、拉脱维亚、荷兰、葡萄牙、斯洛文尼亚、瑞士、英国、美国;5 个国家弃权,分别是格鲁吉亚、匈牙利、巴拿马、韩国、巴西。

非常有意思的是,从投票的立场能够清楚看出不同国家对一些基本问题的态度,尽管有些国家是长期的盟友,但在投票时也还是有着清楚的、不同的一些立场。

15　对中国社会组织"走出去"的思考

2017 年 6 月 23 日,周五,联合国人权大会第十四天。

这是本届人权理事会的最后一天,会议议程依然主要是对各国政府提交的决议草案和修正案的投票及表决。本届人权理事会期间,各国政府共提交了 50 个决议草案或修正案,最终有 36 个决议草案和 2 个修正案获得通过。

(1) 社会组织与国际合作

我们三周密集的行程结束了,今天是此次联合国之行的最后一天。走出万国宫的大门,其实思绪万千。在一个日益复杂的时代,人类社会究竟会走向何方? 中国在这一进程中将扮演什么样的角色? 作为一家普通的、率先"走出来"的社会组织,我们又能力所能及地做些什么工作?

人类是一种高级哺乳动物,其基因中存在倚强凌弱的生物本性;但人类又区别于一般动物,人类追求文明,希望仁、义、礼、智。在人类漫长的演化过程中,越来越多接受了教化的人们日益追求和谐、友爱、尊重、平等,但人类社会也培育出了贪婪、自私、虚伪、狡诈、狂妄的品性,前者是天使,后者是魔鬼,两者交错、混杂,构成了异彩纷呈的现实社会。

个性解放推动了科技发展,实现了人类最大限度的发展,同时也最大限度激发了人类欲望,这种欲望永无止境。伴随对无限欲望的追求与渴望,人类陷入了前所未有的烦恼。2016年5月,根据媒体报道,世界卫生组织数据显示,抑郁症仅次于艾滋病、心脏病等,在全球十大疾病中位居第5位,严重影响人们的生活质量。全球目前有3.5亿人患有抑郁症,全球抑郁症年患病率约为11%。中国各类精神疾病患者超过1亿人,患者约4000万人。

《黄帝内经》中有一段经典的对白。其基本意思是:黄帝问岐伯:古代的人都能活到百岁,且还动作敏捷,但现在的人五十岁就动作衰老,时代变了吗? 人类将灭亡吗?

岐伯说:古代的人知道天地运行的规律,依据阴阳和谐,饮食有节制,日出而作、日落而息,肉体和精神高度协调一致,所以一般都能活到百岁;但现在的人则不同,把酒当水喝,熬夜、暴饮暴食,生活违背规律,醉了就睡觉,纵欲消耗精力,过度消耗真气,只求快乐,不懂得保持精气神的充沛,所以不到50岁就衰老了。

岐伯的话反映了人类五千年前的智慧,或许是解开3.5亿抑郁症患者以及人类痛苦的最好钥匙。人类文明最大的挑战是克制其生物性,修行、避免自己欲望的无限膨胀,在自我约束中感受文明与幸福。但遗憾的是,智慧是如此简单,实现起来却是何等艰难。对欲望的无止境追求不仅导致人类更加痛苦,疾病增加,另一方面必然增加人类走向毁灭的风险。化学武器、核武器、电脑病毒等交织在一起,人类面临空前的灾难风险。但自负、狭隘的人类往往忽视这些风险,个人、组织或国家往往都还在为了所谓的个体利益钩心斗角。更让人不可思议的是,有些争斗毫无现实意义,但竟能兵戎相见甚至付出成千上万生命的惨重代价。站在时间的视角来看,这些是多么幼稚浅薄。

面对当前的局面,联合国显得心有余而力不足,各个国家尤其是大国之间的争斗、自身日趋严重的官僚习气都弱化了其解决实际问题的能力。这次我全程参加联合国人权理事会第 35 届大会,一个很深的感受是,听到了、看到了很多问题,但没能看到解决这些现实困难的路径及希望,这是让人焦虑的。

在会议期间,中国社会组织共组织了三场边会:中国民间组织国际交流促进会和中国扶贫基金会联合举办了以扶贫为主题的边会,我们举办了两场。坦率地说,来参加边会的人都并不很多,让我感到遗憾的是,三场边会都几乎没有联合国人权机制的人来参加。或许会议期间他们都很忙,或许他们认为这不过是一些宣传而已。但问题是,作为正在快速发展的大国,作为他们高度关注人权状况的一个国家,现在有社会组织主动来日内瓦举办边会,即使是宣传,几步之遥,他们为什么不能来主动听一下会议所讲述的内容?这种局面不会影响中国经济社会的发展以及中国社会组织参与联合国的进程，但一定会影响联合国人权机制自身的成长、发展和改革。闭目塞听、高高在上、自以为是限制了联合国人权机制的作用和发展，这才是可怕的。

（2）构建人类命运共同体

中国对如何参与联合国机制也缺乏创新和发展，某种程度上还停留在政府代表团"单兵作战"的局面。蓬勃发展的国际非政府组织成为很多国家政府代表团的战略盟友。多家非政府组织驻日内瓦代表都介绍到他们与一些国家政府代表团密切合作以推动相关决议的事情。对非政府组织而言，一般都长期专注于某个领域，对相关议题研究很深入，他们与政府代表团密切合作，将意见和建议反馈给政府代表团，深入影响了联合国相关决议；对政府代表团来说，发展和团结一些非政府组织，不仅建立起有效智库，可以及时掌握更多信息，对相关决议发表更专业意见，利用这些非政府组织的影响力，也能更好地推动政府的相关主张。于是双方形成了一种有效的战略合作。但遗憾的是，在日内瓦，中国还缺乏这样的战略盟友，对一个大国政府代表团来说，有时显得孤单。

政府外交注重解决现实问题，民间外交更能培育和发展民意基础。当前世界各国都越来越重视国际类非政府组织的作用，美国大约有7000家、英国400家、日本300多家，当前每年大约新成立1200家。但以中国为基础的、真正有广泛国际影响的国际类社会组织还微乎其微。中国到了在战略上重视社会组织在国际合作中发挥作用的时候了。

不论是联合国或者一个强大的国家，还是一家小的社会组织，我们应该思考的是，我们如何能为解决人类社会面临的现实挑战做出贡献？我们能够解决哪些问题？我们如何加强合作以解决更多的问题？

带着这样的思考，我走出联合国，继续着我那些看似渺小、但毕竟在解决现实问题的具体工作。

责任编辑:洪　琼

图书在版编目(CIP)数据

走进联合国:中国社会组织参加联合国人权理事会大会纪实/
佟丽华 著. —北京:人民出版社,2017.12
ISBN 978－7－01－018503－3

Ⅰ.①走…　Ⅱ.①佟…　Ⅲ.①人权-国际合作-研究-中国
Ⅳ.①D815.7

中国版本图书馆 CIP 数据核字(2017)第 272700 号

走进联合国

ZOUJIN LIANHEGUO

——中国社会组织参加联合国人权理事会大会纪实

佟丽华　著

人民出版社 出版发行

(100706　北京市东城区隆福寺街 99 号)

北京中科印刷有限公司印刷　新华书店经销

2017 年 12 月第 1 版　2017 年 12 月北京第 1 次印刷
开本:710 毫米×1000 毫米 1/16　印张:12
字数:150 千字

ISBN 978－7－01－018503－3　定价:39.00 元

邮购地址 100706　北京市东城区隆福寺街 99 号
人民东方图书销售中心　电话 (010)65250042　65289539